LE POUVOIR DE LA COMMUNICATION ASSERTIVE

Cultivez votre affirmation de soi, posez vos limites, améliorez votre confiance personnelle et professionnelle, et gagnez le respect que vous méritez

Gerard Shaw

TABLE DES MATIÈRES

INTRODUCTION

Vous aspirez à une vie meilleure. Peut-être un meilleur salaire, un statut social plus élevé ou un plus grand respect de la part des personnes qui vous entourent. Vous souhaitez que votre journée actuelle soit plus belle que celle d'hier et que demain soit encore meilleur qu'aujourd'hui. Et vous le méritez.

Non seulement parce que vous y rêvez depuis longtemps, mais aussi parce que vous avez travaillé avec ardeur pour y parvenir. Pourtant, vous semblez manquer le train systématiquement. Vous vous interrogez sans cesse sur ce qui vous manque. Ou est-ce simplement de la malchance ?

La malchance ? Les personnes qui travaillent d'arrache-pied sont les créateurs de leur propre destin, et vous ne faites pas exception à la règle. Vous êtes également une personne sympathique, authentique et bienveillante.

Alors, pourquoi n'obtenez-vous pas ce que vous méritez ?

Peut-être êtes-vous trop généreux, et cette générosité joue contre vous. Ou peut-être ne demandez-vous jamais ce que vous désirez vraiment, ou ne savez-vous pas comment le demander. Tous ces éléments additionnés vous empêchent d'obtenir ce que vous souhaitez et ce que vous méritez.

Néanmoins, cela ne signifie pas que vous ne pouvez pas l'obtenir MAINTENANT! En effet, c'est possible, sans perdre votre identité, votre générosité ou votre estime personnelle.

Il suffit de découvrir la manière la plus efficace de communiquer et d'exprimer ce que vous souhaitez dans vos relations au travail, avec votre famille, vos amis et dans la vie. Cela vous semble difficile?

Dans ce livre, vous découvrirez un style de communication efficace qui vous permettra d'exprimer, de demander et de recevoir ce que vous souhaitez dans la vie.

Les leçons transmises dans ce livre sont concrètes et adaptées à votre vie quotidienne. Il vous sera facile de reconnaître les situations auxquelles vous pouvez vous identifier et d'appliquer ce que vous apprendrez dans votre vie de tous les jours.

J'ai étudié différentes techniques de communication et j'en ai sélectionné quelques-unes qui permettront à quiconque de se démarquer au quotidien. Et je dis bien quiconque. La communication assertive s'est toujours distinguée parmi les nombreuses approches et styles permettant de communiquer efficacement pour atteindre le succès. Je mets en pratique ce style de communication tous les jours et je sais comment l'appliquer dans tous les aspects de ma vie : travail, relations, famille, amis et développement personnel.

Pour tout vous dire, je me sens plus fort dans tous les aspects de ma vie depuis que j'ai pris conscience de la nécessité de communiquer de manière plus assertive. Je ressens un pouvoir sans cesse croissant qui me permet de mieux contrôler ma vie.

Et maintenant, je veux que vous expérimentiez le même sentiment! Je souhaite que vous deveniez maître de votre vie, et que vous ayez le pouvoir de contrôler toutes les situations que vous rencontrerez.

La lecture de ce livre vous entraînera dans un voyage unique au cours duquel vous vous découvrirez personnellement. Vous exploiterez vos forces au lieu de vous préoccuper de vos faiblesses. Il modifiera votre perspective sur ce que vous pouvez accomplir pour atteindre vos objectifs.

Il vous apportera une vision équilibrée de votre vie, une idée solide du savoir-faire et des techniques essentielles pour obtenir ce que vous souhaitez grâce à un style de communication et un comportement assertif. Ce livre vous aidera à comprendre l'affirmation de soi dans son véritable contexte et à acquérir les compétences nécessaires pour la mettre en pratique adéquatement. Ainsi, vous découvrirez des techniques pratiques qui vous permettront de développer ces compétences de communication et de mener un style de vie axé sur l'autonomisation.

Si vous me demandez de partager mon expertise en tant que coach en communication pour vous aider à mener une vie plus heureuse et plus épanouie, je vous répondrai de découvrir le pouvoir de la communication assertive pour exprimer vos désirs et vos besoins. Je conseille toujours aux gens qui cherchent à acquérir des compétences en communication efficace de s'initier à cette méthode.

Il suffit d'imaginer les personnes qui obtiennent une augmentation de salaire ou une promotion après avoir appliqué les techniques qu'elles ont apprises. Ou encore, le couple dont le succès conjugal peut être attribué au style de communication qu'ils ont appris dans cet ouvrage. Ce ne sont là que quelques-unes des histoires de réussite que j'ai entendues. À quoi ressemblera votre histoire de réussite après avoir lu ce livre? Imaginez-la et partagez-la avec moi. Je l'attends avec impatience.

Je vous promets également que tout ce que vous avez imaginé deviendra bientôt réalité, à condition que vous suiviez le plan proposé. Tout au long de ce parcours, vous acquerrez des connaissances, de la sagesse et la maîtrise de votre pouvoir. Il ne s'agit pas de votre pouvoir physique, mais du puissant pouvoir intérieur qu'est l'affirmation de soi. C'est sans doute le seul pouvoir qui vous manque aujourd'hui pour obtenir la vie que vous souhaitez.

Les leçons que vous apprendrez tout au long de ce voyage vous apporteront des techniques pour vous recentrer sur vous-même, découvrir vos forces et vous responsabiliser. Vous apprendrez à vous affirmer pour atteindre vos objectifs, que ce soit dans vos relations, vos affaires, votre carrière ou simplement dans votre quotidien.

La principale question qui se pose est la suivante : pourquoi devriez-vous vous familiariser avec le style de communication assertive ? La réponse se trouve dans les situations de la vie où vous vous sentez coincé. Ou qui risquent de le devenir bientôt, si vous n'apprenez pas ces techniques de communication dès maintenant.

Vous vous sentez peut-être frustré par votre travail, votre santé, vos relations ou votre sécurité financière — c'est suffisant pour que vous vous demandiez ce qui ne va pas.

Si vous souhaitez vraiment aller de l'avant et ne plus vous sentir piégé, vous devez passer à l'action dès aujourd'hui. Vous savez déjà, dans votre for intérieur, que des changements s'imposent, et que ceux-ci doivent avoir lieu maintenant.

Il est temps de cesser de jouer les victimes des circonstances et devenir maître de votre destin. Si cela ne se produit pas maintenant, il est probable que ce ne sera pas le cas plus tard. Alors, relevez-vous et apprêtez-vous à reprendre votre vie en main. Prenez la parole, défendez vos intérêts et faites le premier pas en découvrant cette méthode.

Je suis conscient que ce n'est pas la première fois que vous vous rendez compte de la nécessité d'un changement. Vous l'avez déjà réalisé à maintes reprises. Cependant, un obstacle vous empêchait d'avancer. Vous n'avez pas trouvé les bonnes techniques pour évoluer ou vous n'avez pas eu le courage de le faire. Il n'y a pas de quoi s'inquiéter. Le contenu de ce livre vous apportera les compétences et la motivation nécessaires pour changer votre vie, et ces compétences seront à votre avantage plutôt qu'à celui des gens qui vous entourent.

Tout changement, même minime, semble difficile au début. En effet, nous sommes des créatures d'habitudes et nous aimons vivre dans nos zones de confort. Il se peut que nous ne soyons pas satisfaits de notre situation actuelle, mais que nous n'ayons pas encore trouvé le courage de la changer.

Cependant, je vais vous donner le courage de faire le premier pas vers ce changement. Si vous souhaitez trouver une façon nouvelle et unique de relancer le jeu et de prendre votre vie en main, démarrez ici. Le premier pas est le plus facile à franchir, et il en vaut le coup.

Sachez ce que vous voulez, dites ce que vous voulez et obtenez ce que vous voulez. Cela peut sembler très simple, mais ça PEUT l'être. Apprenez ici « comment ».

CHAPITRE UN
L'Assertivité dans un Monde Diversifié

Qu'est-ce que « l'assertivité » ? Les gens considèrent généralement qu'elle est synonyme d'impolitesse, de domination ou d'agressivité. En réalité, il n'en est rien.

L'assertivité est une compétence sociale. Il s'agit d'un mode de communication qui vous permet d'exprimer vos désirs, vos besoins, vos opinions et vos limites avec clarté et respect. Elle s'effectue indépendamment de votre statut social ou de votre titre. Il ne s'agit pas d'être égoïste ni impoli, mais simplement d'être ferme et transparent dans votre façon de communiquer.

S'affirmer, c'est défendre ses droits calmement et de façon positive, sans être agressif ni trop tolérant, même si la situation pose un problème.

L'Assertivité en Psychologie : Perspectives Cognitives, Comportementales et Sociales

Une personne assertive pense, se comporte et parle différemment des autres personnes. Elle est calme, détendue et moins anxieuse, même dans les situations stressantes. C'est naturel, car lorsque vous savez ce que vous voulez et comment le communiquer, la frustration et l'anxiété ne risquent pas de s'accumuler. Vous ne craindrez pas les interactions interpersonnelles et vous pourrez facilement atteindre vos objectifs.

En revanche, les personnes qui manquent d'assertivité sont plus neutres et anxieuses. Elles craignent les conséquences de l'expression de leurs pensées. Que pensera-t-on d'elles ? Et si elles perdaient l'approbation de certaines personnes ? En bref, les personnes qui ne s'affirment pas sont contrôlées par leur entourage et ne sont pas maîtres d'elles-mêmes.

Les personnes assertives sont fermes sans être impolies. Elles considèrent les opinions, les pensées et les souhaits des gens autour d'elles de la même manière que les leurs. Elles réagissent de manière équilibrée aux émotions positives et négatives, sans recourir à l'agressivité, aux cris ou à la passivité. Le comportement assertif est également lié à des niveaux de stress et de dépression moins élevés.

L'assertivité conduit à la transparence dans vos interactions. Les personnes assertives savent comment communiquer leurs souhaits et établir des limites, mais elles ne sont pas exigeantes et ne se mettent pas en colère lorsque leurs demandes ne sont pas satisfaites. Elles exposent leur point de vue avec assurance et peuvent même influencer leur entourage pour qu'il se range derrière leur avis. Cependant, ils respectent les opinions d'autrui, même si elles diffèrent des leurs. Elles sont ouvertes aux critiques constructives.

Si l'on considère l'assertivité sous ses différents aspects, que pouvez-vous en conclure ?

Il est évident que cette aptitude consiste à contrôler votre propre comportement, et non celui des autres personnes. Grâce à un comportement assertif, vous pouvez exprimer vos réflexions et vos souhaits en toute honnêteté. Vous n'attendez pas que les gens se plient à vos exigences. Vous écoutez leurs sentiments et leurs opinions, vous les respectez, mais en définitive, vous choisissez d'être en accord avec eux ou pas. Et si vous êtes d'accord avec eux, c'est votre décision qui compte. Ce choix ne sera pas fait par contrainte ou par impuissance. Un comportement assertif vous évitera de jouer la carte de la complaisance avec les gens.

Cependant, chaque grand concept s'accompagne d'une mise en garde. Il en va ainsi dans le cas présent. S'il y en a trop ou pas assez, l'assertivité ne produira plus l'effet escompté.

Nous allons maintenant explorer en profondeur les différents styles de communication…

L'Assertivité dans la Communication : Les 4 Principaux Styles de Communication

Si je devais classer les gens en fonction de leur style de communication, je les placerais dans l'une des catégories suivantes.

Communication Passive

Que pensez-vous de ces affirmations ?

« Je ne connais pas mes droits. »

« Je ne peux pas défendre mes droits. »

« Les gens ne tiennent jamais compte de mes sentiments. »

Ces affirmations renvoient à une personnalité faible, déprimée, voire rancunière, qui ne défend pas ses propres besoins et sentiments. Cette incapacité est la conséquence d'un manque de reconnaissance et d'expression de ses propres besoins et opinions.

Et que se passe-t-il lorsque vous n'exprimez pas ces opinions ou ces besoins ?

Vous subissez en silence la colère, la peine et le ressentiment qui ne font que s'accumuler. Finalement, ces sentiments s'expriment sous la forme d'une explosion émotionnelle, généralement disproportionnée par rapport à l'incident déclencheur. Il se peut que vous vous sentiez honteux ou coupable après cet excès de colère, mais vous retournerez tout de même à un style de communication passive.

Ceux qui communiquent passivement établissent rarement un contact visuel lorsqu'ils parlent et adoptent une posture corporelle affaissée.

Connaissez-vous les effets de la communication passive dans votre vie ?

Elle peut conduire à :

- L'anxiété et la perception d'une perte de contrôle sur sa vie

- Le désespoir et la dépression

- Le stress, le ressentiment et la confusion

- Autoriser d'autres personnes à profiter de vous ou à empiéter sur vos droits

- Une faible estime de soi et un manque de confiance en soi

- Une mauvaise prise de décision

Communication Agressive

La communication agressive est l'exact opposé du style passif. Une personne agressive exprime ses sentiments et défend ses besoins de manière abusive. Elle est dominatrice, impulsive et se sent facilement frustrée.

Elle humilie et critique ses interlocuteurs, viole leurs droits, les méprise et se comporte de manière grossière, sans tenir compte de leurs sentiments ou de leurs opinions. Non seulement elle s'exprime verbalement, mais son langage corporel est également autoritaire et agressif.

Il est tout à fait naturel de mépriser ces communicateurs qui inspirent la peur et la haine aux gens et qui, par conséquent, n'ont généralement pas de véritables amis ou de cercle social.

Vous entendrez ces communicateurs agressifs exprimer des propos tels que « Je suis supérieur et j'ai raison », « Je suis le patron », « Je le sais mieux que vous » ou même « J'obtiendrai ce que je veux, quoi qu'il arrive ».

Communication Passive-Agressive

Avez-vous déjà observé des personnes marmonner à voix basse, notamment à la suite d'une confrontation ? Ce sont les personnes qui ont du mal à prendre la parole, à exprimer leur opinion face à face ou à affronter les problèmes directement. Elles paraissent passives en apparence, mais manifestent leur colère ou leur agressivité de manière indirecte ou subtile.

Ces personnes n'ont pas la capacité de confronter directement l'objet de leur ressentiment. Elles se montreront donc coopératives et acceptantes en apparence, mais exprimeront indirectement leur colère par des moqueries, des sarcasmes et des manipulations.

Les impacts de la communication passive-agressive peuvent inclure :

- Le sentiment d'être mis à l'écart des autres

- La sensation d'être impuissant et de ne pas pouvoir progresser

- L'incapacité à aborder les vrais problèmes de la vie

Communication Assertive

La communication assertive est un style dans lequel vous communiquez vos sentiments et vos opinions avec clarté, et défendez vos droits sans enfreindre ceux de votre entourage. En d'autres termes, vous ne cachez pas vos sentiments, vous n'avez pas de crises émotionnelles et vous n'inventez rien. Vous accordez une importance particulière à vous-même, à votre temps et à vos besoins physiques, émotionnels et spirituels, ainsi qu'à ceux de votre entourage.

En plus d'être un communicateur clair, une personne assertive sait écouter. Elle établit un contact visuel lorsqu'elle parle aux gens, maintient une posture corporelle détendue, parle d'un ton calme et franc, ressent un lien avec les autres personnes et écoute sans les interrompre.

Savez-vous pourquoi il s'agit de mon style de communication préféré ?

Parce qu'une personne assertive :

- Se sent compétente et contrôle sa vie

- Peut aborder les problèmes avec confiance

- Crée un environnement respectueux pour permettre à son entourage de grandir et de s'épanouir

- Est consciente de la nécessité de prendre soin d'elle, physiquement et mentalement

- Est en mesure de nouer de véritables relations, saines et durables

Ce ne sont là que quelques-unes des affirmations que j'ai entendues de la part de communicateurs assertifs :

« Nous pouvons communiquer de manière respectueuse les uns avec les autres. »

« Je suis responsable à 100 % de mon bonheur. »

« J'ai toujours le choix dans la vie. »

« Je respecte vos sentiments et vos droits. »

Toutefois, il convient de rappeler que nous n'utilisons pas un seul style de communication lors de nos interactions. Le style de communication assertive est plus susceptible de vous mener vers des relations respectueuses et durables. C'est donc ce style qu'il faut privilégier dans la plupart des cas.

Parfois, la situation peut exiger un style de communication passive ou agressive. Par exemple, le style passif est une option plus prudente si la situation risque de dégénérer en violence, car il s'agira d'une question de sécurité. En ce sens, une communication agressive permettra d'éviter que la situation ne s'aggrave.

Par conséquent, dans chaque situation, vous devez faire preuve de discernement pour adopter le meilleur style de communication. Si vous estimez que votre opinion serait mieux communiquée en utilisant un autre style de communication, choisissez ce « style » pour cette situation.

Lorsque vous employez fréquemment un style de communication, celui-ci s'inscrit dans votre type de personnalité. Vous devenez soit une personne passive, soit une personne agressive, soit une personne assertive.

Quelle est la meilleure façon d'identifier ces personnalités ? Examinons quelques-unes des caractéristiques de chacune d'entre elles.

Caractéristiques d'une Personne Agressive, Passive et Assertive. Laquelle vous Représente ?

Chaque type de personnalité a ses propres traits qui le distinguent des autres types. Voici un résumé des caractéristiques des personnalités agressives, passives et assertives. À quel type de personnalité vous identifiez-vous?

Caractéristiques d'une personne agressive

- Elle privilégie ses propres besoins au détriment de ceux d'autrui. Elle cherche à satisfaire ses désirs dans l'immédiat.

- Elle s'exprime en interrompant les propos des autres personnes.

- Elle ne contrôle pas ses émotions.

- Elle jette la pierre sur les autres pour ses propres échecs.

- Elle critique, humilie et dénigre les gens.

- Elle estime qu'une forte offensive est le seul moyen de se défendre.

- Elle croit que le fait de s'exprimer de manière calme et amicale est un signe de faiblesse et rend susceptible d'être exploité.

- Elle considère qu'il faut être fort et bruyant pour gagner.

Caractéristiques d'une personne passive

- Maussade

- Désengagée

- Absence de contact visuel

- Redoute de dire ce qu'elle pense par crainte de se faire des ennemis

- Soumise en raison de son aversion pour les conflits

- Se montre conciliante pour gagner l'approbation des gens

Caractéristiques d'une personne assertive

- Calme, posée et confiante dans diverses situations

- Elle s'exprime avec clarté et sans exagération

- Maître de soi

- Elle est capable de tempérer ses propos si nécessaire

En résumé, les 3 C d'une personne assertive sont la confiance, la clarté et le contrôle. Mais quels sont les bienfaits qu'une personne assertive peut apporter dans sa vie ?

Pourquoi l'Assertivité Est-elle Si Importante ?

Vous obtiendrez la réponse rapidement. L'assertivité présente de nombreux avantages dans votre vie personnelle et professionnelle.

L'Assertivité dans votre Vie Personnelle Vous Aide à :

1. Être votre propre maître. Quoi qu'il arrive, vous pouvez défendre vos intérêts et ne pas être bafoué par qui que ce soit.

2. Pouvoir vous exprimer à votre manière sans être grossier ou déclencher une dispute, contrairement à l'agressivité, qui consiste à contraindre autrui à se plier à vos exigences.

3. Mieux gérer le stress grâce à la clarté des interactions. Vous savez ce qui est bénéfique d'accepter et quand il est préférable de refuser, ce qui vous permet de poser des limites bien définies pour vous-même et pour votre entourage.

4. Cultiver votre estime personnelle et votre confiance. Une personne assertive est celle qui a suffisamment confiance en elle pour s'exprimer librement.

5. Améliorer votre capacité à prendre des décisions. Les personnes passives et agressives prennent des décisions basées sur leurs émotions. À l'inverse, les personnes assertives ont tendance à adopter une attitude plus neutre, à maîtriser leurs émotions et à fonder leurs décisions sur des faits.

L'Assertivité dans votre Lieu de Travail est Importante pour :

1. Des relations saines et durables avec vos collègues. Lorsque vous êtes clair et transparent dans vos interactions professionnelles et que vous parlez avec politesse à chacun, les relations sont forcément harmonieuses.

2. Optimiser la productivité de votre équipe. Imaginez un chef d'équipe agressif et dominateur envers ses coéquipiers. Que ressentiriez-vous si vous vous trouviez dans son équipe ? Du ressentiment et de la haine, n'est-ce pas ? Et s'il était assertif ? S'il tenait compte de vos opinions et de vos suggestions ? Tout le scénario changerait. Vous seriez ravi de travailler avec lui. Les performances de toute l'équipe progresseraient.

3. De meilleures compétences en matière de négociation. Vous ne vous contenterez jamais de moins. Vous êtes également prêt à faire preuve de modération lorsque cela s'avère nécessaire.

4. Un milieu de travail paisible et amical où chaque individu, leurs sentiments et leurs opinions sont respectés. Cela permet de créer un environnement de travail sécurisant pour tous et laisse une place à de nouvelles idées.

5. La réalisation de vos objectifs professionnels. Grâce à tous ces résultats positifs sur les lieux de travail, la réussite est à portée de main !

L'Assertivité dans les Relations

Le succès d'une relation dépend de l'honnêteté, de la clarté et du respect mutuel. Une personne assertive maîtrisera ces comportements, ce qui lui permettra de nouer des relations fructueuses.

Il est facile de constater l'importance de l'assertivité dans la vie personnelle, au travail et dans les relations.

Avant d'aborder les techniques qui vous permettront de vous affirmer, il est temps de procéder à une auto-évaluation.

Inventaire d'Assertivité

Il existe deux composantes essentielles en matière d'assertivité :

1. Exprimez vos désirs, vos besoins et vos pensées, même lorsque la situation est difficile.

2. Respectez les désirs, les besoins et les pensées des autres personnes, même lorsque la situation est difficile.

Pour mesurer la maîtrise de ces deux composantes, nous avons conçu ce questionnaire afin de déterminer votre niveau d'assertivité dans votre vie quotidienne.

Questionnaire sur l'Assertivité

Parmi les réponses ci-dessous, choisissez celle qui vous décrit le mieux. Les réponses varient sur une échelle de 1 (pas très semblable à moi) à 5 (très semblable à moi).

Soyez honnête! Ces informations seront utilisées pour vous aider à vous affirmer dans le cadre de votre travail et de vos relations. Il n'y a pas de bonnes ou de mauvaises réponses. Il suffit de vous évaluer sur l'échelle de 1 à 5.

Légende : 1 signifie très rarement; 2 signifie parfois; 3 signifie régulièrement; 4 signifie souvent; 5 signifie toujours.

Questions⊠	Pas très semblable à moi → → → Très semblable à moi				
	1	**2**	**3**	**4**	**5**
1. Je m'oppose aux personnes qui agissent d'une manière qui ne me plaît pas.					
2. Je prends la parole lorsque quelqu'un ne respecte pas mes limites, comme mon besoin de loyauté dans mes relations ou les demandes d'aide financière de la part de mes amis.					
3. Il m'est souvent difficile de dire «non».					
4. J'exprime mes opinions, même si les gens ne partagent pas mon avis.					
5. Après un conflit, je regrette souvent de ne pas avoir exprimé ce que j'avais à l'esprit.					
6. J'ai tendance à suivre les désirs de mes amis ou collègues, plutôt que d'exprimer mes idées.					

7. Je crains parfois de poser des questions pour ne pas paraître idiot.	
8. Je refoule mes sentiments au lieu d'en parler.	
9. Si je ne suis pas d'accord avec mon supérieur, je lui en parle.	
10. Si une personne m'a emprunté de l'argent et qu'elle est en retard pour le rendre, je lui en parle.	
11. Je suis généralement capable d'exprimer ce que je ressens.	
12. Si je n'aime pas la façon dont on traite une personne, j'en parle.	
13. Je m'exprime sur des sujets qui me tiennent à cœur.	
14. Je veille à ne pas blesser les gens, même s'ils m'ont fait du mal.	
15. J'ai du mal à contrôler mes émotions lorsque je ne suis pas d'accord avec quelqu'un.	
16. J'évite d'attaquer l'intelligence des gens quand je ne suis pas d'accord avec leurs idées.	
17. J'écoute les opinions de mes interlocuteurs, même si je ne suis pas d'accord avec eux.	
18. En cas de désaccord, je m'assure de comprendre le point de vue de l'autre personne.	
19. Pendant les discussions, je communique et j'écoute par le biais du langage corporel.	
20. Même lors d'une dispute, je n'interromps pas l'autre personne.	

Comment Interpréter les Résultats

Lorsque vous aurez rempli le questionnaire, vous serez tenté d'additionner votre résultat. Cependant, le pointage total n'a aucune signification. L'assertivité doit être évaluée en fonction de la personne et de la situation.

Pour analyser vos réponses au questionnaire sur l'assertivité, suivez les étapes suivantes :

1. Examinez vos réponses aux questions 1, 2, 4, 9, 10, 11, 12, 13, 14, 16, 17, 18, 19 et 20. Ces questions sont orientées vers un comportement assertif. Vos réponses à ces questions vous indiquent-elles que vous prenez toujours la parole pour vous défendre ou pour défendre votre entourage ?

2. Examinez vos réponses aux questions 3, 5, 6, 7 et 8, qui portent sur le comportement passif. Vos réponses indiquent-elles que vous êtes plutôt soumis et que vous laissez les gens vous contrôler ?

3. Examinez votre réponse à la question 15. Elle indique que vous bousculez votre entourage plus que vous ne le réalisez.

Résumé du Chapitre

• Il existe 4 styles de communication — passive, agressive, passive-agressive et assertive. L'assertivité est le style de communication le plus important et le plus bénéfique. Gardez à l'esprit les avantages qu'elle vous rapporte dans votre vie personnelle, professionnelle et sociale.

• Il existe un niveau optimal d'assertivité à employer. Trop ou pas assez, vous risquez de diminuer son efficacité.

- Avez-vous répondu au questionnaire visant à déterminer votre style de communication ? Quel est votre niveau d'assertivité ? Faible ou élevé ? Pourquoi souhaitez-vous vous renseigner sur votre assertivité et l'améliorer ?

Répondez à ces questions avant de passer au chapitre suivant.

Dans le prochain chapitre, vous découvrirez :

- Pourquoi certaines personnes n'arrivent-elles pas à s'affirmer ?

- Les principaux obstacles pour exercer l'assertivité.

- La façon dont vous vous percevez et dont les gens vous perçoivent, et ce qui importe.

- Les compétences pour construire une image personnelle valorisante.

CHAPITRE DEUX
Découverte de Soi : Reprenez le Contrôle de votre Vie

Je suis convaincu que certains d'entre vous ont obtenu un score inférieur à ce qu'ils auraient souhaité lors de leur auto-évaluation sur l'assertivité. C'est normal! La plupart d'entre nous ont été éduqués en considérant que l'affirmation de soi n'est pas un aspect important. Et même si elle l'était, nous n'avons pas toujours le courage de l'exercer.

Pourquoi? Pourquoi certains d'entre nous n'arrivent-ils pas s'affirmer? Après tout, nous avons le droit d'exprimer nos sentiments, nos opinions et nos croyances. Et pourtant, nous ne le faisons pas.

Qui Sommes-Nous et Pourquoi Certains d'Entre Nous n'Arrivent-ils Pas à Faire Preuve d'Assertivité ?

Chacun d'entre nous est doté de droits fondamentaux qui doivent être respectés et défendus. Il s'agit notamment du :

- Droit d'exprimer ses sentiments, ses opinions, ses valeurs et ses croyances

- Droit de changer d'avis

- Droit de prendre des décisions pour soi-même

- Droit de refuser si vous ne connaissez pas ou ne comprenez pas quelque chose

- Droit de dire « non » sans se sentir coupable

- Droit de ne pas s'affirmer

- Droit à la liberté personnelle

- Droit à la vie privée

Lorsque vous réagissez de façon passive, vous négligez ou ignorez les droits d'autrui et vous permettez aux autres personnes d'y porter atteinte. À l'inverse, un comportement agressif porte atteinte à ces droits. L'assertivité est le meilleur moyen de parvenir à un équilibre entre la défense de vos droits et le respect de ceux d'autrui.

Cependant, l'assertivité n'est pas forcément évidente pour chacun, et ce pour les raisons suivantes :

Manque d'Estime et de Confiance en Soi

Lorsque vous vous sentez dévalorisé, vous vous comportez avec les gens de manière passive. Cela s'explique par la croyance que les opinions et les sentiments des autres personnes priment sur les vôtres.

Par conséquent, vous leur permettez de vous dévaloriser et vous affaiblissez davantage votre confiance en vous. Ce cercle vicieux contribue à renforcer le manque d'estime et de confiance en soi.

Travail Peu Valorisant et Stéréotypes

Les emplois modestes (tels que les employés de bureau, les balayeurs, etc.) et les femmes sont généralement associés à un comportement non assertif. Ces personnes sont soumises à une pression considérable pour se conformer à leur rôle, qui requiert généralement de la passivité. Vous pouvez imaginer un employé de bureau moins enclin à s'affirmer auprès de son patron qu'auprès de ses collègues ou de ses subalternes.

Expériences Antérieures

Si vos parents, vos mentors ou vos expériences passées vous ont inculqué un comportement non assertif, il est parfois difficile de changer vos habitudes et d'adopter un comportement assertif.

Stress et Anxiété

Lorsque vous subissez un stress, vous avez parfois l'impression de ne plus maîtriser les situations de votre vie. Le stress et l'anxiété se traduisent généralement par l'expression de pensées et de sentiments de manière passive ou agressive. Cela accroît davantage votre niveau de stress et celui de votre entourage.

Traits de Personnalité

Certaines personnes naissent avec des traits de personnalité plutôt passifs ou plutôt agressifs. Il n'y a pas vraiment de moyens à mettre en œuvre pour les modifier. Cependant, chacun peut apprendre à s'affirmer davantage, tout en demeurant fidèle à la personnalité qui lui est propre.

Ignorer ses Droits ou ses Désirs

Si vous ne connaissez pas vos droits, ni même vos désirs, il vous sera certainement difficile d'adopter un comportement assertif.

Pouvez-vous Identifier Ce Qui Vous Empêche de Progresser ?

Dans le chapitre précédent, j'ai énuméré les obstacles les plus courants qui freinent l'assertivité. Pouvez-vous identifier ce qui vous empêche d'être assertif ? Par ailleurs, certains besoins et comportements individuels constituent une menace pour exercer l'assertivité.

Voici quelques exemples de ces comportements :

Le Désir d'Être Aimé à Tout Prix

Tout être humain a besoin d'amour et d'affection. Cependant, dans le cadre du travail, ce désir peut rapidement se transformer en une sorte de dépendance. Au lieu de vous affirmer et d'exercer vos droits, vous vous comportez de manière à plaire et à obtenir l'approbation de votre entourage.

La Gentillesse à l'Égard de Tous

La gentillesse est une qualité, mais si elle dépasse une certaine limite, elle vous rend trop sensible à l'opinion d'autrui. Vous risquez alors de perdre votre indépendance. De plus, les gens pourraient commencer à vous considérer simplement comme acquis.

L'Intolérance aux Désaccords

Tenter de convaincre les gens de votre opinion à tout prix est une attitude impulsive. Donnez aux autres la liberté et le droit d'être en désaccord. Se détacher de sa propre opinion et accorder aux personnes la possibilité de s'exprimer conduit généralement à des progrès, voire à des découvertes importantes.

Vouloir Contrôler Toutes les Situations

Les humains sont des êtres puissants, mais nous ne pouvons pas contrôler toutes les situations. De même, nous ne pouvons pas non plus contrôler le comportement ou la façon de penser des autres personnes. Cependant, lorsque vous essayez de le faire, vous finissez par vous montrer agressif et autoritaire à leur égard.

L'Obsession du Perfectionnisme

Imaginez un patron qui exige que tout soit parfait. Il ne peut tolérer une seule erreur de la part de ses employés. Si son obsession du perfectionnisme est telle, à quoi ressemblera le milieu de travail ?

C'est ce qui se produit lorsque vous recherchez le perfectionnisme dans chaque tâche. Vous vous comportez de manière agressive et non avec assertivité. En conséquence, vous éloignez les gens plutôt que d'établir de bonnes relations.

Tenter de Gagner la Sympathie en se Surmenant

Lorsque vous vous donnez trop de mal pour vous mettre en valeur ou pour attirer la sympathie, vous ne repoussez pas vos limites, mais vous recherchez plutôt l'approbation des gens.

L'Intolérance à l'Échec

Lorsque vous déclarez «Je n'ai pas le droit à l'erreur», vous oubliez que l'erreur fait partie de la condition humaine. Celui qui n'a jamais commis d'erreurs est celui qui n'a rien fait du tout.

Se Fixer des Objectifs Contradictoires

En vous fixant des objectifs contradictoires avec vos valeurs et vos besoins professionnels et personnels, ou en assumant des responsabilités pour éviter les conflits, vous vous préparez à la déception. Il est plus judicieux de se fixer des objectifs réalistes et pertinents, et de planifier les étapes à suivre pour les atteindre.

Après avoir examiné tous les obstacles à l'assertivité, un constat s'impose : tout repose sur ce que les gens vont penser de vous. Vous craignez de perdre l'approbation et l'appréciation des gens ou vous voulez les contrôler pour éviter qu'ils ne vous considèrent comme incompétent.

Mais évaluez-vous correctement ce que les autres personnes perçoivent de vous ? C'est ce que nous allons découvrir.

Méta-perceptions – comment vous percevez-vous et comment les gens vous perçoivent-ils ?

Si vous dites « Je ne me soucie pas de ce que les gens pensent de moi », vous vous leurrez. Car, en tant qu'êtres humains, nous voulons tous nous intégrer dans l'univers social. Le sentiment d'exclusion ou de rejet par un groupe nous rend anxieux, irrités et déprimés.

Pour nous intégrer socialement, nous avons besoin d'entrer en contact avec des individus. En effet, pour établir de bonnes relations sociales, il est utile de comprendre ce qu'ils pensent de nous et d'adapter notre comportement en conséquence.

Connaître et percevoir ce que les gens pensent de nous se nomme la « méta-perception ». En d'autres termes, les méta-perceptions sont ce que vous ressentez à propos de ce que les gens pensent de vous. Souvent, celles-ci tournent autour de notre perception de soi, c'est-à-dire de ce que nous croyons à propos de nous-mêmes.

Mark Leary, professeur de psychologie à l'université Wake Forest en Caroline du Nord, déclare : « Vous filtrez les indices que vous recevez d'autrui à travers votre concept de soi ». Cette idée de soi est fondamentalement façonnée par votre mère. La façon dont elle a réagi à vos premiers cris et gestes influence la manière dont vous vous attendez à être perçu par autrui. Les enfants dont la mère ne s'est pas montrée réceptive ont un comportement qui incite les gens à garder leurs distances, tandis que ceux dont la mère s'est montrée réceptive sont plus confiants et établissent de bonnes relations avec leurs pairs.

Les concepts de soi forgés pendant l'enfance ne se perpétuent pas jusqu'à l'âge adulte, mais s'ils le deviennent, un certain effort est nécessaire pour les modifier, en particulier lorsque ces concepts sont négatifs. William Swann, professeur de psychologie à l'université du Texas, a mené des recherches qui démontrent que les personnes ayant des conceptions de soi négatives incitent leurs semblables à avoir une mauvaise opinion d'elles, surtout si elles soupçonnent d'être appréciées par les leurs.

Nous avons tous une vision assez stable de nous-mêmes, mais il n'est pas toujours évident de déterminer ce que les gens pensent de nous. Par conséquent, vos méta-perceptions sont souvent inexactes. Pourquoi ?

Tout d'abord, chaque personne que vous rencontrez vous perçoit à travers leur propre filtre. Par exemple, si une personne critique généralement son entourage, elle fera de même avec vous, même si vous êtes sincère. Deuxièmement, les gens manquent parfois de franchise dans leurs interactions quotidiennes. Ils peuvent feindre leurs expressions.

Cependant, vous pouvez rendre vos méta-perceptions plus précises en suivant les étapes suivantes :

Soyez curieux d'apprendre de nouvelles connaissances et ouvrez-vous à de nouvelles expériences. En relevant de nouveaux défis, vous rencontrerez de nouvelles personnes auprès desquelles vous pourrez recueillir des données claires sur la manière dont vous êtes perçu.

Soignez la façon dont vous vous présentez face aux autres personnes. Soyez conscient de votre voix, de votre ton, de ce que vous portez et de votre langage corporel. Vous pourrez ainsi contrôler l'impression que vous dégagez et améliorer la perception que vous avez de vous-même.

Apprenez à maîtriser vos émotions et à savoir ce que les gens pensent de vous. Si vous êtes submergé par vos sentiments ou si vous n'arrivez pas à les exprimer, il vous sera alors difficile d'interpréter ce que les gens ressentent à votre égard.

En revanche, les comportements épineux et hostiles, les larmes qui éclatent à la moindre provocation et le narcissisme bloquent la méta-perception. Ces comportements encouragent la méfiance, voire le mensonge, de la part d'autrui.

Si vous êtes socialement anxieux, vous obstruez la méta-perception. Vous omettez de questionner les gens sur eux-mêmes et de les rendre à l'aise lorsque vous interagissez avec eux.

Il est donc essentiel d'être exact dans vos méta-perceptions. Elles vous récompenseront en vous renseignant sur la façon dont les gens vous perçoivent et vous aideront à améliorer vos relations sociales.

Les gens vous jugent sur deux types de traits de caractère : visibles et invisibles. Ils remarquent davantage vos traits visibles que vous ne le faites vous-même. Sur une échelle de beauté physique, ils vous attribueront presque toujours un point de plus que vous ne le feriez envers vous.

Quant aux traits «invisibles», ils ne le sont pas tout à fait, du moins pour vos plus proches amis. Ils peuvent facilement deviner que vous êtes anxieux ou inquiet. Vos traits négatifs peuvent être «invisibles» pour la plupart des gens, mais si quelqu'un vous connaît bien, il peut aussi les reconnaître.

Cependant, nul ne souhaite que ses traits négatifs soient perçus par leur entourage. Bien que conscients de leur présence, nous ne les avouons même pas et modifions nos comportements afin d'éviter qu'ils ne se révèlent.

Dans ce cas, la conscience de soi agit au détriment de l'individu, qui se retrouve coincé avec son identité et ses traits de caractère négatifs. Un autre domaine où la conscience de soi devient une malédiction est celui de l'analyse excessive des réactions d'autrui à votre égard et de leur interprétation erronée.

Les émotions désagréables telles que l'embarras, la honte et l'envie sont également ressentis à travers la conscience de soi. Ces émotions sont là pour nous motiver à réduire nos comportements potentiellement autodestructeurs. Cependant, lorsque vous vous préoccupez excessivement de ce que les gens pensent de vous, vous risquez de vous sentir étouffé et de limiter vos comportements.

Voulez-Vous Vraiment Connaître la Perception que les Gens ont de Vous ?

Les relevés de notes et les bilans annuels permettent de suivre vos performances à l'école et au travail. Toutefois, il est rare que l'on puisse trouver une critique directe de notre personnalité, à moins que quelqu'un ne l'exprime ouvertement au cours d'une discussion animée.

Vous pouvez demander à un membre de votre famille ou à un ami proche de vous dire honnêtement ce qu'il pense de vous, mais la question est de se demander si vous êtes prêt à écouter son point de vue.

En effet, nous souhaitons tous recevoir des commentaires positifs à notre égard. Nous ne pouvons pas tolérer ce qui est négatif. C'est une atteinte à notre ego. Notre image personnelle s'en ressent. Nous risquons même d'entrer en conflit avec nos proches pour protéger notre propre perspective.

Mais parfois, nous avons réellement besoin d'un avis précis, par exemple pour un changement d'emploi ou une demande en mariage. C'est à ce moment-là que nous devons apprendre à voir les situations sous l'angle de notre entourage.

La Perspective est Essentielle ! L'Importance de Considérer un Point de Vue Différent

Selon l'endroit où vous vous positionnez, la vue de votre pièce peut être très différente. Si vous vous tenez d'un côté et que votre partenaire se tient de l'autre, vous décrirez tous deux la même pièce, mais vos descriptions seront différentes, simplement parce que vous la regardez de deux côtés différents.

De la même manière, les points de vue sur des questions subjectives peuvent varier. Le même fait aura une signification différente pour des personnes ayant des points de vue différents. C'est ainsi qu'un même cas de divorce peut être perçu très différemment par divers avocats. Et parfois, deux opinions peuvent être totalement opposées, tout en demeurant valables l'une et l'autre.

Cependant, le problème survient lorsque vous ne saisissez pas les autres perspectives. Ce qui paraît logique à une personne peut vous sembler absurde parce que vous ne comprenez pas son point de vue. Vous ne parvenez pas à assimiler la perspective d'autrui si elle diffère de la vôtre.

Pourquoi ?

La réalité correspond à la façon dont les événements se présentent. Or, pour toute personne, ce qu'elle pense et ressent est la réalité, compte tenu des circonstances. Ce qu'elle pense et ressent détermine en outre ses actions.

Les recherches en sciences du comportement prouvent que nous ne percevons pas les événements tels qu'ils sont en réalité. Nous les filtrons à travers l'image que nous avons de nous-mêmes. Notre personnalité et la façon dont nous sommes affectés par les événements construisent la façon dont nous voyons les événements. Nous les interprétons en fonction de ce que nous croyons être véridiques à propos de nous-mêmes, des autres personnes et de nos expériences antérieures. Tout cela construit notre perspective sur nous-mêmes et sur les gens qui, une fois formée, est difficile à modifier. Cette tendance humaine s'appelle le préjugé de confirmation. Nous voyons ce que nous voulons voir et nous interprétons les informations d'une manière qui confirme notre point de vue.

C'est pourquoi il est difficile de véritablement comprendre un point de vue qui est différent du nôtre.

Par conséquent, même si une décision, un événement ou une déclaration est identique, il peut y avoir des significations différentes pour chaque individu ou pour le groupe. Il se peut que chacun d'entre nous ait l'impression d'avoir raison. Or, c'est le début de tous les malentendus, désaccords et disputes.

Si SEULEMENT nous pouvions envisager les situations du point de vue de nos interlocuteurs, nous aurions moins de conflits et des conversations plus productives sur les sujets qui nous opposent. Par ailleurs, nous serions plus prudents avec nos paroles et nos actions dans les situations difficiles, afin d'éviter de les aggraver.

Par exemple, l'incapacité de Theresa May à faire adopter son accord de Brexit par la Chambre des communes à trois reprises a prolongé le drame de cet accord bien plus longtemps que la plupart des Britanniques ne l'espéraient.

Sur de tels enjeux, êtes-vous en mesure de taire votre propre point de vue et de vous efforcer de regarder les faits sous l'angle de l'autre partie?

Le jour où vous le ferez, vous constaterez peut-être que votre propre point de vue n'est pas aussi exact, ou qu'il n'est pas le seul « valable ».

Ce n'est pas que votre perspective soit mauvaise ou que vous ne deviez pas vous y conformer pour de bonnes raisons, mais pour comprendre davantage l'autre perspective.

Se Tromper de Perspective

Cependant, il existe un piège lorsque vous essayez de considérer les événements du point de vue d'une autre personne. Vous devez éviter deux erreurs.

Tout d'abord, ne soyez pas trop confiant dans votre aptitude à interpréter une perspective différente. Avez-vous vraiment perçu les événements de la manière dont il les a envisagés ou souhaités ? Êtes-vous certain de ne pas vous méprendre ?

Les recherches démontrent que lorsque vous déduisez les pensées et les sentiments d'une personne en observant son visage ou son comportement, c'est généralement inexact.

Ensuite, évitez de vous laisser convaincre par le point de vue de l'autre personne et de fonder votre argumentation sur celui-ci. Comprendre la perspective d'une autre personne ne signifie pas de s'interdire de la remettre en doute poliment. Lorsque vous fondez votre perspective sur des hypothèses erronées, vous tirez souvent une conclusion erronée et passez à côté des vrais enjeux.

Par exemple, dans le cas de l'accord sur le Brexit, on peut soupçonner que le dirigeant est corrompu ou fautif. Si cette spéculation est acceptée sans sourciller, les désaccords finiront par aboutir à des jugements erronés sans aborder le problème réel.

Comment Tenir Compte des Autres Perspectives de Façon Appropriée?

Pour considérer la perspective d'une autre personne, il est essentiel de suivre les trois habitudes suivantes.

Tout d'abord, observez chaque perspective différente de la vôtre. Examinez honnêtement chacune d'entre elles. En comparant les différentes perspectives, vous découvrirez possiblement des similitudes. Vous constaterez peut-être que les différentes perspectives peuvent s'équilibrer sur le plan des forces et des faiblesses, et vous repartirez probablement avec une meilleure perspective.

Le principe d'inclusion joue un rôle important lorsque les désaccords entre les perspectives sont fondés sur des valeurs et des principes rigoureux. Si vous défendez votre propre perspective en vous appuyant sur l'une de ces valeurs ou l'un de ces principes, se pourrait-il que d'autres individus soient également motivés par l'une de ces valeurs ou l'un de ces principes qui vous sont chers? Réfléchissez à ceux-ci qui soutiennent une perspective particulière, et à leur pertinence.

Deuxièmement, interagissez avec les gens. Vous ne pouvez pas vous contenter d'imaginer ce que la personne vit si vous n'avez pas une conversation avec elle. Vous devez interagir, poser des questions et écouter ce qu'elle ressent, ses préoccupations et, finalement, ses perspectives. Lorsque vous êtes impliqué dans de telles interactions, chacun est plus susceptible d'exprimer ses véritables sentiments plutôt que de dire simplement ce que les gens souhaitent. Il en résulte une meilleure compréhension des sentiments, des inquiétudes et des positions des autres parties. Au fil du temps, ces interactions de qualité renforcent la confiance et les collaborations sociales.

Enfin, trouvez un équilibre entre votre individualité et la perspective d'autrui. Vous devez faire preuve d'empathie à leur égard, y compris leurs émotions et leur subjectivité, mais ne vous laissez pas submerger. Gardez un certain détachement afin de pouvoir évaluer correctement les situations et les perspectives. La distanciation ne signifie pas que vous n'avez plus de sentiments, mais que vous pouvez résoudre le problème sans vous enliser. En ce qui concerne les opinions, le détachement signifie que vous n'êtes pas nécessairement d'accord chaque fois, mais que vous comprenez toujours la perspective de l'autre partie.

Si vous parvenez à être plus attentionné, interactif et détaché pour gérer les conflits ou les désaccords, de nombreux différends disparaîtront. De nouvelles voies s'ouvriront qui vous conduiront vers des objectifs communs.

Si vous apprenez à reconnaître la perspective d'autrui et à l'utiliser de manière appropriée, vous pourrez éviter les malentendus, favoriser des conversations productives et atteindre vos objectifs mutuels.

Finalement, qu'est-ce qui compte ? La façon dont vous vous percevez ou la façon dont les gens vous perçoivent ?

Si vous me suivez jusqu'ici, il ne vous sera pas difficile de répondre à cette question. Il est légitime de conclure que les deux ont leur valeur. Aucune ne peut être écartée au profit de l'autre. Cependant, vous devriez aborder tout cela avec un esprit de détachement.

Si vous recueillez les perspectives des autres personnes à votre sujet afin d'améliorer votre image de vous-même ou de devenir une meilleure version de vous-même, cette démarche aura un impact positif sur votre vie. Dans le cas contraire, si vous vous laissez abattre par les perspectives d'autrui, cela étouffera votre propre caractère.

Je reviendrai plus en détail sur la construction d'une image personnelle positive dans le chapitre suivant.

Construire une image de soi positive

L'image de soi est la façon dont chacun voit sa propre personne, ses traits de personnalité, ses capacités et ce que vous croyez que les gens pensent de vous. Si vous vous sentez bien avec vous-même et que vous reconnaissez vos points forts tout en étant réaliste quant à vos faiblesses, vous avez une image positive de vous-même. À l'inverse, si vous ne vous sentez pas bien avec vous-même et que vous vous attardez sur vos défauts et vos faiblesses tout en exagérant vos échecs, vous avez une image négative de vous-même.

Vous vous évaluez à la fois objectivement et subjectivement. L'évaluation objective n'est pas influencée par nos sentiments et représente des faits tels que votre taille, votre poids, la couleur de vos cheveux, votre quotient intellectuel, etc. L'évaluation subjective comprend des traits tels que l'attention, l'affection, la générosité, l'humour, la patience, etc., et est influencée par vos sentiments. L'image de soi est une représentation collective de l'évaluation que vous faites de vous-même, ce qui la rend finalement plus subjective qu'objective. Les gens sont généralement plus critiques à leur égard et accordent plus d'importance à leurs défauts qu'à leurs qualités. Par conséquent, l'image que l'on a de soi-même est biaisée.

L'image personnelle est relativement résistante au changement. Toutefois, elle est influencée par les expériences de vie et les interactions avec autrui. Ces expériences de vie, positives ou négatives, et les interactions avec les membres de la famille, les pairs et les amis jouent un rôle important dans la formation de l'image de soi. Par exemple, si vous échouez dans une tâche et que les personnes qui vous entourent vous critiquent et vous rejettent, vous risquez de développer une image négative de vous-même. À l'inverse, si votre famille et vos amis vous soutiennent, ils renforceront vos qualités et vous aideront à développer une image positive de vous-même.

Tout comme vos expériences et vos relations influencent votre image personnelle, celle-ci façonne vos expériences et vos relations. Si vous avez une image positive de vous-même, vous aurez une attitude généralement optimiste. Lorsque vous interagissez avec d'autres personnes ayant une telle attitude, elles seront encourageantes et gratifiantes, contribuant ainsi à une relation constructive. Ces rapports constructifs alimenteront davantage votre image positive de vous-même.

Votre image personnelle est étroitement liée à votre estime personnelle et à votre confiance en vous. L'estime de soi est la façon dont vous vous valorisez. La confiance en soi consiste à croire en ses connaissances, son jugement et ses capacités. Une mauvaise image de soi entraînera une faible estime de soi et une faible confiance en soi. Il est donc important d'avoir une image personnelle positive, car cela affecte votre raisonnement, votre comportement et vos relations avec les personnes qui vous entourent. Elle améliore votre bien-être physique, mental, émotionnel et spirituel et vous donne confiance dans vos relations. Même les personnes qui vous entourent sont influencées positivement par l'image positive que vous avez de vous-même.

La question qui se pose est la suivante : comment construire une image de soi positive ?

Aujourd'hui, nous sommes tous le produit de ce que notre entourage attend de nous. Nous avons perdu la notion de ce que nous sommes « réellement ». Chacun d'entre nous se connaît mieux que quiconque. Nous savons ce que nous pensons, ce que nous ressentons, ce que nous aimons et ce que nous n'aimons pas, mais nous continuons à nous comparer aux autres personnes. Cela reflète notre mécontentement à l'égard de nous-mêmes. Et nous sommes insatisfaits parce que nous sommes loin de notre véritable personnalité, ce qui nous rend malheureux et nous épuise sur le plan émotionnel.

Suivez les étapes suivantes pour découvrir votre véritable personnalité :

Suivez votre Passion. Soyez Vous-Même en Nourrissant votre Esprit et votre Âme.

À notre époque, l'argent et la richesse sont devenus les critères de réussite d'une personne. Par conséquent, on observe de jeunes professionnels qui acceptent des emplois mieux rémunérés pour que les gens autour d'eux en soient fiers.

Le travail n'est peut-être pas agréable pour eux, mais comme il est bien rémunéré et qu'il leur vaut plus de respect, ils le préfèrent. Ils font croire qu'ils sont heureux, mais en réalité ils se sentent plutôt désespérés.

Malheureusement, de nos jours, les gens se considèrent souvent en fonction de leurs titres et de leurs salaires. Ceux-ci sont devenus les éléments déterminants de l'estime de soi. Au lieu de cela, vous devriez vous efforcer d'être vous-même, ce qui nourrira votre esprit et votre âme. Cultivez votre passion et choisissez un travail qui vous passionne.

N'abandonnez jamais votre enfant intérieur

Que peut-on apprendre de la part d'un enfant ? L'insouciance !

Les enfants ne se soucient pas de ce que les autres personnes pensent d'eux parce qu'ils sont heureux avec eux-mêmes, et avec leur vie. Ils sont leur propre personne parce qu'ils n'ont pas été modelés pour s'adapter à la société et à ses normes bizarres. Ils aiment courir, jouer et sauter où qu'ils soient et ne se soucient pas de ce que les gens pensent d'eux.

Cependant, en grandissant, nous nous adaptons aux attentes de la société et nous perdons le contact avec notre enfant intérieur. Chatouillez-le à nouveau et devenez libre en profitant de l'instant présent et en vous amusant.

Trouvez vos Forces Intérieures

Acceptez votre personnalité, quelle que soit la différence que vous avez avec autrui. Vous pouvez être un extraverti spontané ou un introverti un peu maladroit. Libérez-vous de ces étiquettes qui n'ont pas d'importance. Vous êtes ce que vous ressentez et ce que vous pensez. Débarrassez-vous de tous ces faux-semblants parce que vous voulez vous intégrer. Soyez vous-même et découvrez vos points forts. Si les gens sont sincères, ils accepteront votre «véritable» personnalité.

Soyez à l'Écoute de vos Sentiments

Reconnaissez vos sentiments, qu'ils soient bons ou mauvais. Lorsque vous êtes conscient de ceux-ci, vous comprenez mieux qui vous êtes. Cela vous donne la force de composer avec la tristesse, la joie, la peur ou la colère sans vous stresser, et vous aide à jouir d'un état d'esprit serein.

Soyez plus Attentif à vos Pensées

Le nombre de pensées négatives qui vous traversent l'esprit chaque jour est incalculable. Au bout d'un certain temps, celles-ci peuvent commencer à se transformer en réalité. C'est la loi de la nature. Vous devez donc porter attention à vos pensées et à leur qualité. La méditation vous permettra d'en prendre conscience et vous donnera le pouvoir de les modifier. Ensuite, tout au long de la journée, continuez à les observer. En devenant plus conscient de celles-ci et en les modifiant si nécessaire, vous vous recentrerez sur votre présent.

Faites Confiance à vos Intuitions

Il est toujours conseillé de suivre son intuition. C'est l'un des aspects essentiels de la personnalité. Lorsque vous lui faites confiance, vous vous transformez pour devenir plus authentique, c'est-à-dire votre « véritable » vous.

Vous pensez peut-être qu'une décision judicieuse est pragmatique et sert un objectif plus important, mais ce n'est pas toujours le cas. Les décisions pragmatiques sont prises en fonction de ce que l'on pense être juste, et non de ce que l'on ressent être juste. Lorsque vous prenez une décision en suivant votre intuition, votre âme sera pleinement comblée.

Sortez de votre Coquille

Lorsque vous apprenez à être vous-même, vous pouvez être tenté de tout accomplir en même temps. Vous voulez vous débarrasser de tous les masques, les prétentions, et devenir totalement authentique du jour au lendemain. Or, ce n'est pas ainsi que ça fonctionne. Vous devez d'abord identifier les aspects de votre inauthenticité sociale et les corriger un par un. Sortez progressivement de votre coquille pour devenir plus authentique. Fixez-vous d'abord de petits objectifs de changement et travaillez progressivement et de manière cohérente pour les atteindre un à la fois. Les petits pas mènent aux grands changements. Vous atteindrez bientôt vos objectifs et vous vous surprendrez à vous comporter tout à fait différemment qu'auparavant.

Calmez-Vous. Sachez Qu'il N'y a Pas de Mal à Être Vous-Même

De nombreuses personnes se sentent tendues ou anxieuses lorsqu'elles essaient d'être elles-mêmes. Si c'est votre cas, il faut vous calmer et vous assurer qu'il n'y a pas de mal à être « soi-même ». Le SEUL moyen d'y parvenir est de se parler. Asseyez-vous en silence pendant quelques minutes, observez les pensées qui vous traversent l'esprit et faites-les entendre par le biais d'un dialogue intérieur. Tout comme nous le ferions à un enfant, d'une manière rassurante et convaincante. Faites de même avec votre esprit. Vous devez vous répéter qu'il n'y a pas de mal à être vous-même. Si les autres n'aiment pas, c'est leur problème. Ce dialogue soulagera votre tension et votre anxiété, et vous aidera à mieux interagir en société.

Traitez votre Anxiété

Lisez des ouvrages sur la gestion de l'anxiété. L'absence d'image positive de vous-même peut être plus qu'un simple manque de confiance. Il pourrait provenir d'une sérieuse anxiété sociale. En adoptant des mesures pour la surmonter, vous découvrirez votre véritable personnalité.

Une fois que vous aurez pris contact avec celle-ci, grâce à ces mesures, je vous assure que vous vous sentirez mieux. Vous apprendrez à vous accepter et à vous aimer tel que vous êtes. Et lorsque cela se produira, votre entourage commencera lui aussi à vous accepter tel que vous êtes.

Étude de Cas : Le Pouvoir de la Perspective et de l'Image de Soi Positive

Jean est très enthousiaste à l'idée de se rendre à son premier rendez-vous galant. Il aime beaucoup la jeune femme avec laquelle il sortira, et il est donc impatient de faire bonne impression et de nouer des liens avec elle. Cependant, au cours de leur discussion, il découvre qu'elle est motivée et guidée par des valeurs complètement opposées aux siennes. Elle a des goûts très différents dans presque tous les domaines. Que fait donc Jean pour donner une bonne impression ?

Il respecte les opinions et les valeurs de cette femme, mais il propose aussi les siennes. Au lieu de suivre aveuglément ses opinions sur certains sujets, il ne craint pas d'être en désaccord avec elle, ouvertement, mais respectueusement.

Son image personnelle positive et sa haute estime lui permettent de demeurer fidèle à ses valeurs et de communiquer facilement avec les gens, même s'ils ne sont pas d'accord. En effet, Jean croit davantage à l'authenticité de son comportement qu'à l'importance de plaire à sa compagne.

Alors, que pensez-vous de votre propre personne ? Entretenez-vous une image positive ou négative de vous-même ? Nous allons le découvrir avec le prochain questionnaire.

L'Auto-Évaluation pour la Découverte de Soi

Je suis de retour avec une nouvelle activité d'auto-évaluation. Je vous promets qu'elle sera amusante et qu'elle vous apportera une bonne compréhension, ce qui est très important lorsque vous cherchez à devenir le maître de votre vie.

Alors, enfilez vos casquettes de penseur et répondez honnêtement aux questions suivantes :

1. Quelles sont vos forces ?

   a. Citez 5 éléments que vous aimez de vous-même.

b. Citez 5 capacités, compétences ou talents que vous possédez.

c. Citez 5 réussites, ou cas, où vous avez été « vainqueur » dans votre vie.

d. Énumérez 5 situations difficiles que vous avez surmontées.

e. Citez 3 à 5 personnes qui sont vos plus grands alliés.

f. Citez 3 à 5 personnes que vous avez déjà aidées.

g. Citez 5 éléments dont vous êtes reconnaissant d'avoir dans votre vie.

8. Quels sont vos principaux freins en matière d'assertivité ?

9. Quels sont les domaines dans lesquels vous devez changer de perspective afin de transformer votre vie ?

Résumé du Chapitre

- Une faible estime de soi, un manque de confiance en soi, la méconnaissance de ses droits, le stress et l'anxiété sont les principaux obstacles à l'exercice de l'assertivité dans la vie quotidienne.

- Se forger une image personnelle positive et tenir compte des perspectives différentes des autres personnes sont les éléments clés de la communication assertive.

- Suivez votre passion, soyez à l'écoute de vos sentiments, ayez conscience de vos pensées, trouvez vos forces intérieures, faites confiance à vos intuitions et quittez votre zone de confort pour découvrir votre vrai « moi » et construire une image positive de vous-même.

Dans le chapitre suivant, vous apprendrez :

- Qu'est-ce que l'autonomisation personnelle, et comment y parvient-on ?

- À quoi ressemble l'autonomisation personnelle ?

- Quelle est la relation entre l'assertivité et l'autonomisation ?

- Comment s'affirmer de manière positive ?

CHAPITRE TROIS
Exploitez votre Pouvoir Personnel

Comme nous l'avons évoqué dans le dernier chapitre, une image de soi positive vous permet d'être le maître de votre vie. Une image de soi positive vous rend plus autonome.

Pourquoi voulons-nous tous nous sentir autonomes?

Parce que sans autonomisation, les gens n'ont pas le contrôle de ce qu'ils font. Ils manquent de confiance en eux et en leurs décisions, et s'en remettent à autrui pour prendre des décisions à leur place — leur conjoint, leur collègue, leurs enfants ou leurs pairs. Ils se sentent souvent dominés par leurs collègues, leurs amis ou leur famille, ou dépassés par les exigences de leur travail. À l'inverse, les personnes autonomes sont pleinement responsables de ce qu'elles font, de ce qu'elles veulent dans la vie et de la manière dont elles y parviennent.

Qu'est-ce que l'Autonomisation Personnelle ?

Le terme « autonomisation » signifie littéralement « devenir autonome ». La véritable autonomisation exige que vous vous fixiez des objectifs concrets en identifiant ce que vous souhaitez dans la vie, puis que vous agissiez pour atteindre ces objectifs, et ainsi faire une différence significative dans le monde.

Par conséquent, l'autonomisation personnelle consiste à assumer le contrôle de votre propre vie et à éviter que d'autres personnes ne le fassent à votre place. Sachez également que « l'autonomisation » n'est pas synonyme de « droits ». Les personnes qui se prévalent de leurs droits pensent que tous les avantages et les privilèges doivent leur être accordés systématiquement. En revanche, les personnes autonomes parviennent à la réussite en travaillant d'arrache-pied, en réfléchissant et en collaborant.

Aussi simple qu'il puisse paraître, le processus d'autonomisation personnelle est complexe. Pour ce faire, vous devrez développer votre conscience de soi, ce qui vous permettra de connaître vos forces et vos faiblesses. De plus, vous devrez connaître et comprendre vos objectifs. En quoi diffèrent-ils de votre situation actuelle, et quels comportements, valeurs ou croyances devez-vous changer pour les atteindre ? Le degré de changement requis varie d'une personne à l'autre.

Mais je vous ai promis de simplifier les questions complexes !

J'ai donc élaboré un processus en huit étapes qui vous permettra de développer facilement votre autonomisation personnelle. Plongeons dans ce parcours et découvrons-le, une étape à la fois.

Étape 1 : Identifier un Objectif Axé sur le Pouvoir

Il peut s'agir, par exemple, d'une femme au foyer qui cherche à s'affranchir financièrement de son conjoint, ou d'une personne qui souhaite avoir plus d'influence sur ses coéquipiers.

Étape 2 : Approfondir ses Connaissances

L'étape suivante consiste à améliorer vos connaissances sur l'objectif que vous vous êtes fixé. Par exemple, si vous ne voulez pas dépendre financièrement de votre partenaire, vous devez connaître les différentes façons de générer des revenus en travaillant à domicile. Soyez également ouvert à différentes possibilités. Plus vous l'êtes, plus vous êtes créatif et plus il y a de probabilités de succès.

Étape 3 : Accroître son Efficacité Personnelle

Avant de prendre des mesures pour atteindre votre objectif, vous devez avoir la conviction que vous pouvez l'atteindre. Être informé sur votre objectif est une chose, mais vous devez aussi être conscient de vos forces et de vos faiblesses. C'est ce qu'on appelle la connaissance de soi. Il s'agit notamment de connaître vos valeurs et vos croyances, et de les examiner d'un œil critique pour vous assurer qu'elles sont entièrement valides. Cela vous aidera à évaluer les domaines dans lesquels vous avez le plus de chances de réussir.

Étape 4 : Travailler sur ses Aptitudes et ses Compétences

Il est possible que vous deviez améliorer vos compétences pour accroître votre influence. Ces compétences peuvent être acquises par l'expérience, l'éducation, la formation ou l'exercice. Au fur et à mesure que vous interagirez avec un nombre croissant de personnes et que vous tenterez de les influencer, vous apprendrez rapidement ce qui fonctionne et vous développerez vos compétences.

Étape 5 : Agir et Persévérer dans l'Action

Le chemin vers l'autonomisation personnelle ne sera pas sans embûches. Vous rencontrerez des obstacles tout au long du parcours. Cependant, au lieu de vous laisser abattre par le premier obstacle que vous rencontrerez, vous devrez faire preuve de résilience et de persévérance pour continuer à avancer et chercher d'autres moyens d'atteindre vos objectifs.

Étape 6 : Courir sa Propre Course

Ne vous laissez pas abattre par la concurrence. Ne vous inquiétez pas si l'herbe semble plus verte de l'autre côté. Cela n'est pas synonyme d'échec. Concentrez-vous sur votre herbe, sur l'occasion qui se présente à vous.

Si vous vous préoccupez de la concurrence, de ce que font les gens qui vous entourent ou de ce qu'ils ne font pas, vous perdrez de vue l'importance de ce que vous faites. L'autonomisation n'a rien à voir avec la rivalité, elle est liée à ce que vous contribuez à l'essor du monde.

Étape 7 : Évaluer son Impact

L'autonomisation consiste également à modifier l'impact que vous avez sur les gens et sur les situations de votre vie. Il est donc important de l'évaluer. Il se peut qu'au début, vous ne voyiez pas de grands changements, mais même les plus petits comptent pour votre réussite.

Étape 8 : Élargir son Réseau

L'autonomisation est le fruit de la collaboration et non de la concurrence. La réussite n'est jamais l'affaire d'une seule personne. L'un des moyens les plus judicieux de développer votre autonomisation personnelle est le réseautage. Constituez-vous un réseau de personnes qui possèdent des atouts pour combler vos lacunes. Dans un environnement de collaboration, le succès est partagé et chaque personne se renforce mutuellement.

La rivalité nous divise et peut parfois mener à la jalousie ou à la colère, ce qui ne vous aiderait pas à établir des relations à long terme ou à connaître plus de succès.

Comment le Langage Influence-t-il votre Autonomisation Personnelle?

La façon dont vous vous exprimez, que ce soit verbalement ou non, peut vous conférer un certain pouvoir, ainsi qu'aux personnes avec lesquelles vous communiquez. Par exemple, le fait d'employer un vocabulaire positif et actif, comme «je vais» ou «je peux», est valorisant, alors que l'inverse implique la passivité, le manque de contrôle et l'absence de responsabilité pour vos actions.

Lorsque vous vous présentez à d'autres personnes, utilisez vos propres mots pour vous décrire, et non la façon dont les gens vous définissent. Sinon, ceux-ci pourraient vous persuader de vous conformer à leurs exigences.

N'émettez jamais de jugements à l'encontre d'une personne en face d'elle. Si la critique est absolument nécessaire, exprimez-la avec précaution. Utilisez des paroles et des phrases positives et encourageantes pour formuler des remarques constructives. Par exemple, si votre coéquipier est toujours en retard au travail, mais qu'il travaille sans relâche, félicitez-le pour son assiduité. Dites-lui que s'il peut travailler avec autant d'ardeur, il peut également être ponctuel. Vos mots agiront comme par magie. Ils lui donneront les moyens de s'efforcer d'être à l'heure.

Voilà comment votre langage peut jouer un rôle important dans votre autonomisation personnelle et celle de votre entourage. Voyons maintenant à quoi ressemble l'autonomisation personnelle à travers un exemple.

Une Étude de Cas : Comment Peut-on Ressentir l'Autonomisation Personnelle ?

Amara et Shira sont deux meilleures amies. Elles ont toutes deux demandé le divorce à leur mari moins d'un an après leur mariage. Elles ont sincèrement tenté de réussir leur union, mais n'y sont pas parvenues. De plus, elles n'ont pas eu droit à la pension alimentaire requise de la part de leur mari.

Se sentent-elles investies d'autonomisation ?

Dans le cas d'Amara, c'est le cas. Bien qu'elle ait été attristée pendant quelques jours après le divorce, elle a décidé d'aller de l'avant. Elle ne voulait pas se sentir isolée. Elle a trouvé un emploi à son goût, s'est fait de nouveaux amis et se prépare maintenant pour son second mariage.

Quant à Shira, elle est déprimée, frustrée et pleine de ressentiments. Elle est convaincue que sa vie s'est figée depuis le divorce. Chaque jour, elle rejette la faute sur son ex-mari et répète qu'il ne l'a pas bien traitée. Elle veut travailler, elle veut rencontrer de nouvelles personnes, mais elle craint d'être rejetée en raison de son divorce.

Amara savait ce qu'elle voulait dans la vie. Elle a donc pris une décision et l'a mise en œuvre. En revanche, Shira se sent impuissante dans sa situation et n'essaie pas de la changer. Elle manque de confiance et d'autonomie pour réaliser ce qu'elle désire. C'est un cercle vicieux. Parce qu'elle n'a pas les moyens d'agir, elle n'essaie pas. Et parce qu'elle n'essaie pas, elle ne parvient pas à se sentir autonome.

Cependant, l'autonomisation ne provient pas seulement de la réussite. Vous devez vous exprimer et prendre position pour vous-même afin de vous sentir autonome. En d'autres termes, vous devez faire preuve d'assertivité pour vous sentir autonome.

Nous allons explorer la relation entre l'assertivité et l'autonomisation dans la prochaine partie.

Assertivité et Autonomisation

Examinez la situation suivante :

Nancy travaille dans une entreprise au sein du département des ressources humaines. C'est une belle jeune femme mariée. Son employeur a organisé un voyage d'affaires à Goa. Tous ses collègues y participent, sauf elle. En effet, son mari estime qu'elle ne peut pas voyager sans lui. Il croit qu'elle ne peut pas prendre soin d'elle en son absence.

Nancy refoule donc son enthousiasme pour le voyage et se plie à la situation. Quelques mois plus tard, le patron de Nancy organise une fête somptueuse chez lui et l'invite, ainsi que son mari. Mais une fois de plus, son mari refuse de se rendre à la fête, en donnant une excuse sans fondement, et ne permet pas à Nancy d'y aller également.

À maintes reprises, Nancy a dû réprimer ses sentiments en raison de son mari.

Cela correspond-il à votre histoire ?

Eh bien, si c'est le cas, c'est parce que Nancy et vous avez choisi de souffrir en silence plutôt que d'exprimer vos sentiments. Vous vous comportez passivement, de peur de blesser les gens. Vous pourriez avoir l'impression d'utiliser vos compétences pour de bonnes raisons, en évitant de blesser les sentiments d'autrui, mais ce n'est qu'une illusion.

En étant passif, vous vous sentez en position de victime, une personne piégée dans sa situation de vie et qui ne peut s'en sortir. Jouer les victimes ne vous permettra jamais de vous sentir autonome. Vous serez toujours à la merci de quelqu'un d'autre.

À l'inverse, Nancy aurait pu devenir agressive, en s'adressant à son mari par des cris ou des hurlements. L'agressivité naît généralement d'un sentiment de revendication et constitue un autre moyen de s'arroger un sentiment de pouvoir ou de se sentir puissants. Ces individus considèrent que l'agressivité est un moyen justifié de faire face à des situations de ce genre, en contrôlant les gens. Cependant, le pouvoir de l'agressivité est malsain et peut gravement nuire à vos relations. Si elle devient votre moyen habituel de contrôler les situations, elle aliénera votre entourage et pourra même créer de l'anxiété chez les personnes concernées.

Outre les approches passive et agressive du contrôle des situations, certaines personnes adoptent l'approche passive-agressive. Il s'agit d'une combinaison néfaste de deux approches malsaines. Lorsque deux personnes sont en couple, ce comportement passif-agressif rend les situations beaucoup plus compliquées.

Dans le cas de Nancy, elle se conforme aux exigences de son mari en apparence, mais le punit en silence, par exemple en cessant de lui préparer de bons repas. Une personne ayant un comportement passif-agressif a l'impression d'être puissante, mais, en réalité, elle perd son intégrité et réduit toute possibilité d'autonomisation saine.

L'Autonomisation Saine et le Rôle de l'Assertivité

Comment différencier l'autonomisation qui est saine de celle qui n'est pas saine ?

C'est très simple ! L'autonomisation saine ne conduit pas à agir aux dépens d'autrui. Une personne dotée d'une autonomisation saine sait diriger sa vie avec confiance et détermination. Si elle commet une erreur qui blesse quelqu'un, elle s'excusera et cherchera des solutions, en tenant compte des besoins de l'autre personne.

Par ailleurs, cette personne informera son interlocuteur si elle a l'impression de subir des pressions ou d'être victime d'abus. L'amour et le respect de soi et de ses semblables sont le mantra de vie d'une personne sainement autonome.

Lorsque vous vous sentez autonome, vous vous sentez également libéré. Vous assumez la responsabilité de vos actes, qui ne sont pas influencés par le comportement d'autrui. Voici quatre conseils pour vous aider à vous affirmer davantage et à vous sentir autonome :

Soyez Amical, Évitez d'Être Complaisant

Il y a une différence entre *être amical* et *accommoder les gens.*

L'amabilité consiste à prendre soin de vos proches et à les aider en cas de besoin. À l'inverse, vous vous montrez complaisant à l'égard des gens lorsque vous vous souciez d'eux au détriment de vous-même. Vous ne savez tout simplement pas dire non. Par conséquent, vous accumulez de la colère et du ressentiment. Vous avez l'impression que les gens profitent indûment de votre incapacité à dire « non ».

Vous avez donc le choix : être amical ou être complaisant. Lorsque vous choisissez d'être amical, non seulement vous vous liez d'amitié avec les gens, par la même occasion, vous vous faites plaisir à vous-même.

Notez que le fait de répondre aux besoins des gens ne signifie pas que vous devez sacrifier les vôtres. Par exemple, si votre ami vous demande une aide financière pour une dépense que vous ne pouvez pas assumer, refusez simplement ou demandez à être remboursé. Ainsi, vous ne vous sentirez pas victime des exigences d'autrui.

Exprimez-Vous Franchement

Lorsque vous méconnaissez ce qu'est l'assertivité, vous imaginez peut-être quelqu'un d'excessivement sévère et revendicatif. Or, l'assertivité consiste à s'exprimer franchement sans se mettre en colère lorsque nos besoins ne sont pas satisfaits, ou crier et critiquer lorsque vous vous sentez manipulé par d'autres personnes.

Lorsque vous vous exprimez avec assertivité, vous faites connaître d'emblée vos besoins à vos interlocuteurs. Vous fixez des attentes et des limites raisonnables de manière proactive. En communiquant ce dont vous avez besoin, vous contribuez à établir des relations saines et solides, ainsi qu'à renforcer votre estime personnelle.

Définissez vos Limites

Les limites sont essentielles, et il est tout aussi essentiel de bien les définir. En dépit de celles-ci, certaines personnes essaieront de les franchir. Que se passera-t-il alors ?

Maintenez-les bien en place et renforcez-les auprès de ceux qui tentent de les franchir. Quoi qu'il en soit, ne cédez jamais aux exigences de ces personnes. Autrement, vous les inviterez à franchir vos limites à maintes reprises.

Laissez Tomber les «Amis» Égoïstes

Vous reconnaissez vos «amis» égoïstes! Ils sont chaleureux et vous font des compliments, mais n'interagissent avec vous que si vous leur donnez quelque chose en retour.

Pouvez-vous appeler ces personnes de «vrais» amis? Ne vont-ils pas empiéter sur vos limites et attendre que vous cédiez à leurs exigences?

Si vous craignez de les perdre, rassurez-vous! Vous n'avez pas à leur signaler que votre relation ne vous satisfait pas. Ils vous quitteront automatiquement lorsqu'ils se rendront compte que vous ne faites plus rien pour eux. Certains essaieront peut-être de vous culpabiliser, mais tâchez de ne pas les écouter. Surtout, ne vous préoccupez pas de perdre vos «amis» égoïstes. Il est souhaitable qu'ils quittent votre vie. Vous en méritez de vrais.

Par conséquent, le manque d'autonomisation vous plonge dans un sentiment d'impuissance, car votre vie repose entre les mains d'autres personnes. Ils peuvent vous faire danser comme une marionnette au gré de leurs caprices et de leurs fantaisies. Cela engendre de l'anxiété et du ressentiment.

Cependant, en devenant plus assertif, vous reprenez le pouvoir et le contrôle de votre vie.

Comment s'Affirmer Positivement

La ligne entre l'assertivité et l'agressivité est mince. Si vous cherchez à vous sentir autonome, à mieux contrôler votre vie et à mener une vie heureuse, positive et épanouie, vous devez vous affirmer.

Mais la question demeure : comment s'affirmer de manière positive?

Les gens se perçoivent généralement comme étant assertifs, mais en réalité, ils ont vécu des situations où ils ont laissé filer certaines situations et ils ne se sont pas défendus. Résultat ? La colère, le ressentiment, la frustration et la culpabilité demeurent refoulés.

Lorsque certaines personnes sont confrontées à une situation difficile, elles croient qu'il est plus simple de fuir plutôt que de l'affronter directement. Cette attitude s'explique par le fait qu'elles n'ont pas la force intérieure, et la capacité d'autonomisation dont nous avons précédemment fait mention.

Or, il est beaucoup plus judicieux d'être un lion fort et puissant qu'une souris timide fuyant le danger. Il est donc temps d'examiner l'assertivité plus attentivement et de découvrir les étapes à suivre pour devenir un « lion » dans votre vie.

Et pourquoi le lion ? Parce qu'il symbolise la force et le pouvoir, deux qualités que vous recherchez et qui vous aideront à atteindre vos objectifs.

Voici les sept étapes faciles à suivre pour vous affirmer positivement :

Créez une Image de Force dans votre Esprit

Reprenez l'exemple du lion que j'ai évoqué plus haut. Gardez cette image dans votre esprit et revivez-la lorsque vous êtes confronté à une situation où vous devez vous affirmer. Si l'image d'un lion ne vous semble pas réaliste, choisissez une image qui évoque pour vous la force et le pouvoir. Revenez-y lorsque vous avez besoin de faire preuve d'assertivité. La création et la mémorisation de l'image de la force dans votre esprit vous permettront de maintenir votre vigilance en matière d'assertivité. Cette image vous donnera également l'assurance pour que vous puissiez vous affirmer de manière positive.

Croyez en Vous et en vos Valeurs

La première étape pour être assertif est de croire en vous et en ce qui vous est essentiel. Si vous n'avez pas cette perception, il vous sera difficile de vous défendre et de vous affirmer lorsque ce sera nécessaire.

Vous devez connaître qui vous êtes vraiment et ce en quoi vous croyez pour devenir une personne réellement assertive. Commencez dès aujourd'hui à développer votre conscience personnelle. Découvrez vos points forts pour tirer le meilleur parti des situations dans lesquelles vous devez défendre vos convictions.

Définissez vos Propres Limites

Vous ne réussirez pas à faire preuve d'assertivité si vous ne connaissez pas vos propres limites et ne savez pas quand on les dépasse. Il est essentiel de les définir et de les communiquer à votre entourage pour identifier ce qui vous rend inconfortable.

Vous devez déterminer ce que vous tolérerez et ce que vous ne tolérerez pas. Mais avant de le communiquer à votre entourage, vous devez être clair avec vous-même, faute de quoi vous ne saurez pas quand elles auront été franchies.

Comprenez vos Besoins et l'Objectif de votre Assertivité

Que voulez-vous accomplir en vous affirmant?

Il peut s'agir de faire cesser le comportement désagréable d'une autre personne ou d'atteindre un objectif spécifique. Vous devez savoir ce que vous voulez et quel objectif vous souhaitez atteindre en vous affirmant de manière positive. En effet, votre objectif peut se perdre dans l'élan du moment. Par conséquent, assurez-vous de ne pas négliger vos valeurs lorsque vous cherchez à déterminer votre objectif.

Respectez les Autres (et Vous-Même)

Nous avons déjà établi que la ligne qui sépare l'assertivité de l'agressivité est mince. Il est possible de s'affirmer sans humilier qui que ce soit. Vous pouvez vous exprimer de manière assertive sans pour autant mettre les gens (et vous-même) dans une position vulnérable ou inconfortable.

Comment faire tout en étant respectueux? Vous pouvez vous comporter avec respect et gentillesse même lorsque vous vous affirmez. Mettez-vous à leur place et réfléchissez à la façon dont vous aimeriez être considéré. Affirmez-vous tout en gardant cette idée à l'esprit. Le respect mutuel vous permettra également de préserver votre intégrité et de vous comporter d'une manière dont vous pourrez être fier.

Exprimez vos Attentes avec Clarté

Pour vous affirmer dans n'importe quelle situation, il est impératif que vous exprimiez avec clarté ce que vous attendez de la part de vos interlocuteurs. En effet, si vous ne savez pas vraiment ce que vous attendez, il sera très difficile pour votre entourage de vous accorder ce que vous souhaitez.

Lorsque vous exprimez vos attentes, utilisez un langage clair et direct. Évitez d'utiliser des termes vagues ou des mots qui pourraient prêter à confusion. Il peut parfois être ardu d'être direct, mais si vous exprimez franchement ce que vous attendez, vous aurez plus de chances d'obtenir ce que vous voulez.

N'oubliez pas que nul n'est omniscient et ne peut lire dans vos pensées ou deviner ce que vous désirez. Vous devez l'exprimer sans ambiguïté.

Pratiquez l'Assertivité Régulièrement

Vous l'avez tous déjà entendu : c'est en forgeant que l'on devient forgeron !

Par conséquent, si vous souhaitez améliorer vos compétences en matière d'assertivité, vous devez vous exercer fréquemment. Cela ne signifie pas que vous devez insister pour obtenir ce que vous voulez à tout moment, mais plutôt que vous devez reconnaître vos besoins et les valoriser au même titre que ceux de vos interlocuteurs.

Réfléchissez aux situations dans lesquelles vous auriez pu vous affirmer, mais ne l'avez pas fait. Si des situations similaires (ou pires) se présentent à l'avenir, songez à la manière dont vous pourriez vous affirmer de manière positive. Répétez-le ! Entraînez-vous autant que possible.

Reconstruisez votre Vie sur une Base Respectueuse

Une question persiste dans votre esprit : comment respecter mes propres besoins et ceux de mon entourage simultanément ? Ne dois-je pas compromettre mes propres besoins pour créer des relations harmonieuses ? N'est-il pas plus simple de se taire que d'exprimer ses besoins ?

Réponse courte : NON.

Vous n'avez pas à plaire aux gens pour créer de meilleures relations. Ou alors, vous pouvez répondre à ce besoin en étouffant votre expression personnelle. Cette attitude vous conduira à la passivité et à l'accumulation de colère et de ressentiment. La solution consiste à vous recentrer sur vos besoins et à les respecter. C'est ce qu'on appelle le respect de soi ; il s'agit de votre capacité à reconnaître que votre

« moi » a les mêmes droits fondamentaux et la même dignité que les gens qui vous entourent.

Au cours des trois derniers siècles, la société a assisté à une amélioration considérable des droits civils. La Déclaration des Droits de l'Homme, signée par la plupart des pays, garantit l'égalité de la dignité et des droits fondamentaux des individus, indépendamment de leur classe sociale, de leur sexe, de leur religion, etc.

Cependant, il est étonnant de constater que les gens ne revendiquent généralement pas leurs droits ou ne s'affirment pas, bien qu'ils possèdent ces droits. C'est le cas des individus qui sont victimes de harcèlement moral ou d'intimidation et qui se taisent au lieu de protester contre l'injustice. Certains individus acceptent d'être moins bien rémunérés pour leur travail, même si leurs performances sont les mêmes que celles de leurs collègues.

Et pourquoi en est-il ainsi ? Les recherches démontrent que lorsque les gens se perçoivent égaux à leurs semblables, ils s'attendent à être traités équitablement. En revanche, lorsque ce n'est pas le cas, ils considèrent qu'un traitement inégal est juste et que la protestation est inappropriée.

Ainsi, pour revendiquer ses droits ou s'affirmer, il faut se percevoir comme égal à autrui. En d'autres termes, il faut faire preuve d'une bonne dose de respect de soi.

Mais que signifie se percevoir comme égal à autrui ? Comment respecter simultanément ses propres besoins et ceux de son entourage ?

Pour le comprendre, appuyons-nous sur quelques exemples.

Supposons que vous vous trouviez dans un restaurant et que vous soyez insatisfait du service. Une réaction passive consisterait à garder le silence. Une réaction agressive consisterait à injurier le serveur. Une réponse assertive consisterait à informer gentiment le serveur de vos besoins. Dans ce cas, vous exprimez vos attentes tout en respectant le serveur.

Voyons un autre exemple.

Votre employé se montre quelque peu paresseux et ne termine pas son travail dans les délais impartis. Au lieu de crier et de le gronder, vous pouvez vous affirmer en établissant des attentes claires avec lui.

Nous pouvons respecter les besoins des gens et les nôtres en formulant des « demandes » plutôt que des « exigences ». Ces dernières ne tiennent pas compte des besoins ou des opinions de l'autre personne et se retournent généralement contre elle. Les demandes, en revanche, considèrent les besoins des deux parties en question. Les gens sont plus enclins à répondre aux demandes, car ils se sentent connectés et ont le choix d'être d'accord ou pas.

Si vous ne pouvez pas accepter un « non », c'est qu'il s'agit d'une exigence. Si vous êtes ouvert à l'idée de trouver des stratégies qui fonctionnent pour les deux parties, il s'agit d'une demande. En effet, celles-ci augmentent les possibilités de ce que l'autre personne sera prête à accomplir.

Respecter les besoins d'autrui ne signifie donc pas de compromettre les vôtres, de garder le silence, de permettre aux gens de profiter de vous ou de plaire gentiment à tout le monde. Il s'agit plutôt de reconnaître les besoins de votre entourage avec compassion et de demander (et non d'exiger) qu'on réponde à vos besoins. Après tout, vous méritez que votre voix soit écoutée.

Résumé du Chapitre

- L'autonomisation personnelle et le respect de soi sont les conditions nécessaires au développement d'un comportement assertif.

- Fixez-vous un objectif motivant, développez vos connaissances, travaillez sur vos aptitudes et vos compétences, et persévérez dans vos efforts pour atteindre vos objectifs. Cela vous permettra de vous sentir autonome.

- Ayez confiance en vous et en vos valeurs, comprenez vos besoins, vos limites et définissez des attentes claires avec votre entourage afin de vous affirmer positivement et de développer votre respect envers vous-même.

- Vous méritez que l'on vous écoute. Reconnaissez les besoins d'autrui avec clarté et compassion et formulez des demandes (et non des exigences) pour satisfaire les vôtres.

- Je vous serais reconnaissant de répondre aux questions ci-dessous avant que nous n'entrions dans le vif du sujet concernant le renforcement d'un comportement assertif.

1. Vous considérez-vous à égalité avec autrui ? Pourquoi ou pourquoi pas ?

2. Citez trois situations dans lesquelles vous estimez que vous auriez pu vous affirmer, mais que vous ne l'avez pas fait.

3. Quels sont les domaines dans lesquels vous avez l'impression de ne pas être en mesure de vous affirmer ? Comment pourriez-vous renforcer votre confiance dans ces aspects de votre vie ?

Dans le chapitre suivant, vous apprendrez :

- Pourquoi l'assertivité est-elle une compétence acquise ?

- Les trois clés d'un comportement assertif

- Les différentes catégories de comportements assertifs

- Comment doit-on gérer les critiques de manière assertive ?

- Comment peut-on prendre la parole pour nous défendre ?

CHAPITRE QUATRE

Pour Débuter : Développez un Comportement Assertif

Vous connaissez maintenant ce qu'est l'assertivité et les qualités que vous devez posséder pour développer un comportement assertif. La vraie partie (et la plus amusante !) commence maintenant — comment développer un comportement assertif.

L'Assertivité est une Compétence Acquise

L'assertivité est non seulement un style de communication, mais aussi un mode de comportement caractéristique qui implique d'exprimer ouvertement ses pensées, ses sentiments, ses croyances et ses opinions, sans porter atteinte aux droits d'autrui.

Tout mode de comportement peut s'apprendre par une répétition régulière. Cependant, un comportement assertif est associé à une série de points à respecter ou à éviter :

Ce qu'il Convient d'Accomplir en Matière d'Assertivité

1. Exprimer ses besoins de façon directe et concise

2. Exprimer ses idées sans se sentir coupable

3. Défendre ses convictions, même si elles ne font pas l'unanimité

4. Connaître ses droits et savoir comment les exercer

5. Communiquer efficacement

6. Transmettre ses sentiments avec confiance

7. Faire preuve d'autonomie et d'indépendance

8. Persévérer jusqu'à ce que ses besoins soient comblés

9. Analyser une situation problématique et identifier le domaine de responsabilité avant d'entreprendre une action

10. Adopter une attitude positive en toutes circonstances

11. Être solide quand d'autres personnes le sont moins

12. Être fier de ses réalisations

13. Avoir le courage de réaliser ses rêves et développer les compétences nécessaires pour les concrétiser

Ce qu'il Convient d'Éviter en Matière d'Assertivité

1. Tourner autour du pot avant d'exprimer ses besoins

2. Se sentir coupable ou craindre d'exprimer ses besoins

3. Être en accord avec les gens, peu importe ce que nous ressentons

4. Ignorer ses droits

5. Communiquer de manière inefficace

6. Mendier ce qui nous revient légitimement en vertu de la loi

7. Dépendance à l'égard d'autrui

8. Abandonner devant les problèmes

9. S'abandonner à la défaite

10. Se laisser influencer par les gens

11. Se sentir inconfortable par rapport à ses réussites

12. Craindre de réaliser ses rêves

L'assertivité n'est pas un nouveau concept. Depuis des décennies, de nombreuses personnes et organisations ont atteint leurs objectifs grâce à des techniques d'assertivité. Voici quelques exemples d'individus qui ont « triomphé » et atteint leurs objectifs en faisant preuve d'assertivité :

- Susan B. Anthony, dont la persévérance dans la longue lutte pour le suffrage féminin a permis aux États-Uniennes d'obtenir le droit de vote en 1919.

- La détermination de Mohandas K. Gandhi a libéré l'Inde et inspiré les peuples assujettis du monde entier à imiter ses méthodes non violentes pour obtenir la liberté.

- Carol Mosely Braun, qui a secoué les hommes politiques de l'Illinois lorsqu'elle a battu « l'indétrônable » Alan Dixon lors des primaires démocrates pour le Sénat des États-Unis.

- Jane Bryne (ex-maire de Chicago), dont le franc-parler assertif lui a valu d'être renvoyée de son poste de la mairie, mais qui, un an plus tard, a été élue à la tête de l'hôtel de ville.

- Patrick Henry, dont la citation pleine d'assertivité, «Donnez-moi la liberté ou donnez-moi la mort», est devenue le cri de ralliement de la Révolution américaine.

- L'attitude positive de Jesse Jackson a permis de surmonter la discrimination et la pauvreté pour devenir un puissant leader national.

- Jeanne d'Arc, dont le courage et la détermination ont inspiré la victoire d'une armée française en déroute.

Les individus qui se distinguent par leur action, leur dynamisme et leur réussite sont tous des personnes assertives, même si leur style diffère.

En effet, nous sommes tous nés avec un tempérament inné pour nous affirmer. Mais en grandissant et en nous socialisant, nous pouvons soit renforcer nos tendances innées, soit les réduire. Les réactions de notre famille, de nos pairs, de nos collègues et des figures d'autorité pendant l'enfance jouent un rôle important dans la formation de nos tendances innées.

Par exemple, si votre famille gérait les conflits en criant ou en se disputant, vous apprendriez à gérer les conflits de la même manière. En revanche, si votre famille ou vos pairs croient qu'il faut exprimer ses pensées tout en respectant celles d'autrui, vous adopteriez probablement les mêmes habitudes.

Lorsqu'on grandit en s'affirmant, on a tendance à être équilibré sur le plan émotionnel et à avoir une vie plus saine. Toutefois, le fait de s'affirmer ne garantit pas que vous obtiendrez TOUJOURS ce que vous désirez. Parfois, vous l'obtiendrez, parfois vous ne l'obtiendrez pas, et parfois vous conviendrez d'une action mutuellement satisfaisante.

Je sais ce que vous devez penser. Vous n'avez pas grandi en étant assertif. Votre entourage vous a toujours appris à favoriser les besoins des autres, et à les satisfaire avant les vôtres. Et maintenant, vous avez du mal à vous affirmer. Rassurez-vous! Comme je l'ai déjà mentionné, l'assertivité est une compétence qui peut s'acquérir à n'importe quel moment de votre vie. Même aujourd'hui! Alors, plongeons-nous dès maintenant dans l'apprentissage d'un comportement assertif.

Nous avons déjà examiné la différence entre les styles de communication passive, agressive et assertive. Analysons maintenant ces trois styles différents.

Un *comportement agressif*, même s'il est fondé, indique carrément que «ce que je veux est plus important que ce que vous voulez». Vous mettez en jeu les besoins d'autrui. En fait, vous leur manquez ouvertement de respect. En conséquence, les individus qui subissent votre agression se sentent résistants et contre-attaquent généralement sous l'effet de la colère. Cela peut entraîner des conflits, des disputes, du stress et même de la haine dans les relations.

La *passivité* n'est pas une meilleure solution. C'est vivre un mode de vie dépourvu du terme «non», ce qui revient à conduire une voiture sans freins. Lorsque vous dites «non», vous fixez des limites appropriées à ce que vous acceptez et à ce que vous refusez. Sans ces limites, votre vie sera incontrôlable et chargée de stress, de colère et de ressentiment. Dire «non» au bon moment et pour la bonne raison est sain, approprié et bénéfique. C'est ce que signifie l'assertivité!

Un comportement assertif est l'expression positive et contrôlée de vos besoins légitimes. C'est une façon saine de communiquer, qui vous permet de conserver votre propre respect et de gagner celui d'autrui.

C'est une façon saine de refuser une demande avec dignité. L'assertivité vous permet d'obtenir ce dont vous avez besoin sans blesser quiconque. C'est un équilibre parfait entre les comportements agressifs et passifs.

Un *comportement assertif* vous permet de mener une vie empreinte de paix, de respect et de collaboration. Une personne assertive défend ses intérêts, mais de manière respectueuse et déterminée, tout en reconnaissant les sentiments et les droits de ses interlocuteurs.

Les messages utilisant le «je» reflètent généralement un comportement assertif.

Par exemple :

- Je ne peux pas me rendre à la réunion aujourd'hui.

- Je vous serais reconnaissant si vous pouviez m'aider.

- Je ne suis vraiment pas d'humeur à aller à la fête.

- Je suis désolé, je vous ai déjà expliqué les conséquences de votre retard au bureau aujourd'hui, et vous devez maintenant les affronter.

Contrairement à ce que pensent plusieurs personnes, un comportement assertif suscite le respect, ce qui n'est pas le cas des autres styles.

Lorsque vous vous comportez de manière assertive, les gens savent que «vous dites ce que vous pensez» et qu'il ne s'agit pas d'une exagération ou d'un bluff. Votre «oui» signifie «oui» et votre «non» signifie «non». Une communication aussi claire est bénéfique pour toutes les parties concernées et renforce la confiance et la collaboration.

Les gens se sentent davantage en confiance avec ceux qui sont transparents et qui expriment ouvertement leurs pensées et leurs sentiments. Un style de communication assertive englobe votre façon de penser, de parler et de vous comporter.

Un comportement assertif réduit également votre niveau de stress. La passivité est synonyme de sentiment d'impuissance et d'accablement.

L'agressivité se heurte souvent à des résistances et à des contre-attaques. Celles-ci sont extrêmement stressantes.

En revanche, un individu assertif adopte une approche équilibrée, calme, mais déterminée pour obtenir ce dont il a besoin. L'assertivité est la voie qui génère le moins de stress.

Voyons ce qu'est l'assertivité à l'aide d'une histoire vécue.

Julie accepte et comprend que son mari Jack refuse parfois de l'aider dans les tâches ménagères. Elle sait reconnaître les situations dans lesquelles il lui est impossible de faire une tâche ou dans lesquelles il ne veut pas la faire. De plus, elle sait que lorsqu'il accepte de faire quelque chose, il s'y engage et y donne suite.

Le comportement affirmé de Jack à l'égard de Julie est un acte de respect et d'honnêteté. Si elle ne partage pas l'avis de Jack sur un point, elle sait qu'elle peut, à son tour, être respectueusement en désaccord avec lui. Ainsi, ensemble, ils peuvent résoudre leurs problèmes et parvenir à un plan d'action convenu d'un commun accord.

Les Trois Clés d'un Comportement Assertif

On peut comparer les trois clés d'un comportement assertif à un tabouret à trois pieds. Vous pouvez vous asseoir sur ce type de tabouret sans craindre de tomber, mais certainement pas sur un tabouret à deux pieds. Le comportement assertif se caractérise également par trois branches.

Les trois composantes de base d'un comportement assertif sont les suivantes :

1. **Sachez ce que vous voulez.** Soyez clair quant à vos attentes.

2. **Exprimez ce que vous voulez.** Communiquez vos intentions, vos besoins et vos désirs, sans utiliser de termes vagues ou confus.

3. **Obtenez ce que vous voulez**. En utilisant des moyens de communication respectueux, déterminés et contrôlés, vous augmentez les chances d'atteindre vos objectifs réalistes et légitimes.

Catégories de Comportement Assertif

Avant même que vous vous exprimiez, votre langage corporel révèle plusieurs aspects de votre personnalité. Entre autres, il indique si vous avez confiance en vous ou non.

Un Langage Corporel qui Témoigne de la Confiance en Soi

- Se tenir bien droit et établir un contact visuel lorsqu'il s'agit de parler avec d'autres personnes.

- S'asseoir de manière détendue, mais professionnelle.

- Prendre l'initiative de saluer les gens lors d'une réunion et d'entamer les conversations.

- S'asseoir avec confiance à côté de la personne la plus influente de la pièce.

- Ne pas attendre la permission pour parler avant de prendre la parole.

- Être organisé dans son travail et disposer des informations nécessaires à portée de main.

- Porter une tenue vestimentaire appropriée et adaptée.

- Être courtois et agréable lors des discussions.

Un Langage Corporel qui Témoigne d'un Manque de Confiance

- Posture affaissée en position debout.

- Craindre de regarder les gens lorsque l'on s'adresse à eux.

- S'asseoir de manière trop timide pour bouger, comme si l'on était assis sur des œufs.

- Redouter de prendre l'initiative pour saluer les gens et attendre une forme de permission pour les saluer.

- S'asseoir de façon discrète.

- Être effrayé à l'idée de prendre la parole à moins d'être sollicité ou d'obtenir l'autorisation explicite.

- N'apporter que rarement des informations ou des documents aux réunions.

- Porter une tenue vestimentaire inadéquate ou inadaptée.

- Se montrer désagréable, argumentatif ou impoli lorsqu'il s'agit d'exprimer son opinion.

Une personne assertive communique avec confiance, autant dans son langage corporel que dans son langage verbal. Il existe trois catégories de comportement assertif :

L'assertivité par le refus consiste à dire « non » au bon moment et de la bonne manière. Le fait de dire « non » vous aide à établir des limites saines et permet aux gens de savoir à quoi ils peuvent s'attendre de votre part. Cela vous permet également de vous sentir autonome et d'entretenir de bonnes relations.

Une stratégie utile pour vous aider à dire « non » avec aisance consiste à clarifier la nature exacte de ce que vous souhaitez accepter. Notez vos trois principales priorités (qui peuvent changer avec le temps) dans un agenda ou un carnet de notes, et gardez-le sous la main. Lorsqu'on vous posera une question, vérifiez si elle correspond à vos priorités. Si c'est le cas, n'hésitez pas à répondre par l'affirmative. Si elle ne correspond pas à vos objectifs, refusez.

Suivez les étapes suivantes pour savoir comment dire non correctement :

- Précisez votre situation. Par exemple si vous ne pouvez pas vous charger d'une tâche, dites : « Non, je ne peux pas. »

- Expliquez votre raison. Justifiez valablement votre incapacité à accepter une tâche, par exemple si vous êtes occupé par d'autres projets importants.

- Exprimez votre compréhension à l'égard de l'autre personne.

Si vous n'avez pas de réponse immédiate à la demande de quelqu'un, demandez-lui de vous accorder un certain temps pour y réfléchir et donnez-lui une date limite à laquelle vous répondrez. Cela vous permettra de vous montrer responsable et de vous assurer que vous accordez de l'importance à la relation et à vous-même en fournissant une réponse concrète dans les délais impartis.

L'assertivité expressive consiste à exprimer aux gens ce que vous ressentez. L'expression de vos sentiments est un élément essentiel d'une communication efficace.

Dix Moments Où Vous Devez Vous Exprimer :

- Lorsque vous aimez quelqu'un.

- Lorsque vous vous sentez fortement concerné par un sujet.

- Lorsque vous vous sentez contrarié par une situation.

- Lorsque vous avez l'impression de ne pas être en mesure de gérer une situation, exprimez-vous et demandez de l'aide.

- Lorsque vous n'êtes pas d'accord avec quelqu'un.

- Lorsque vous n'êtes pas heureux dans une situation.

- Lorsque quelqu'un a accompli un geste remarquable à votre égard.

- Lorsque vous avez une question, posez-la.

- Lorsque vous avez une réponse, apportez-la.

- Lorsque vous avez une bonne nouvelle, partagez-la.

Il ne fait aucun doute que vous devez exprimer vos sentiments positifs comme vos sentiments négatifs. Cependant, les sentiments maussades doivent être exprimés avec prudence. Vous devez les accepter au lieu d'en rejeter la responsabilité sur les épaules d'autrui.

Par exemple, si votre ami arrive en retard au dîner, il est possible que vous lui disiez : «Tu m'as mis en colère en arrivant si tard au dîner». Votre ami est peut-être arrivé en retard, mais il n'est pas responsable de votre réaction. En réalité, vos sentiments sont le résultat de vos propres attentes et espoirs. Si vous les exprimez en le reprochant à quelqu'un d'autre, vous risquez de vous heurter à une réaction défensive. L'autre personne risque de ne pas reconnaître vos sentiments, et le problème restera alors sans solution.

Si j'étais à votre place, j'exprimerais mes sentiments de la manière suivante : «Ça m'a mis en colère que tu sois arrivé en retard au dîner, car j'espérais partager un moment de qualité avec toi».

Voyez-vous la différence ? J'ai endossé la responsabilité de mes propres sentiments. Lorsque vous exprimez clairement vos sentiments sans en attribuer le blâme et que vous en expliquez les raisons, cela permet à l'autre personne de comprendre et de reconnaître vos sentiments.

Faire preuve d'assertivité, c'est obtenir des informations, des éclaircissements et demander ce que l'on veut. Lorsque vous ne savez pas comment vous affirmer, vous vous rendez la vie inutilement difficile, pour vous et pour votre entourage. De plus, vous risquez de rater des occasions, de prendre plus de temps pour accomplir certaines tâches ou de les rendre plus compliquées.

En revanche, lorsque vous apprenez à formuler des demandes avec assertivité, vous vous respectez et vous respectez aussi les gens autour de vous. En demandant directement ce dont vous avez besoin, vous dites : « J'ai une valeur » et « Ton aide m'est précieuse ». Il s'agit essentiellement d'un compliment à l'égard de l'autre personne.

Qu'est-ce Qui Vous Empêche de Formuler des Demandes Assertives ?

Observez si l'une de ces croyances fait écho avec les vôtres :

- Si quelqu'un refuse ma demande, cela signifie qu'il ne m'aime pas ou ne me respecte pas.

- Demander de l'aide me met dans l'obligation de leur rendre service.

- Demander de l'aide signifie que je suis faible OU que d'autres personnes me considéreront comme faible.

- Il vaut mieux que je le fasse moi-même plutôt que de risquer d'être rejeté.

- Je vais ennuyer ou contrarier les gens en demandant de l'aide.

- Je ne veux pas être un fardeau, accroître leur stress ou leur charge de travail.

- Je ne mérite pas de réclamer de l'aide.

- Je ne devrais pas avoir à demander de l'aide : les gens devraient savoir que j'en ai besoin.

- Les autres personnes ne m'aideront que si je suis enthousiaste à l'idée de le faire.

- Les gens devraient m'aider, car je suis plus important ou plus stressé qu'eux.

Ces croyances font qu'il est difficile de demander de l'aide. Et même si vous la demandez, vous rencontrerez probablement des résistances. Cependant, il ne faut pas oublier que ces croyances ne sont peut-être que des impressions. Ce n'est pas parce que vous les ressentez qu'elles sont vraies.

Par ailleurs, si vous demandez de l'aide, vous obtiendrez peut-être un résultat plus rapide, plus facile ou plus simple. Vous pourriez décrocher un meilleur emploi, apprendre de nouvelles connaissances, partager vos expériences ou améliorer la relation que vous entretenez avec quelqu'un. Cela vous aidera à nouer de meilleures relations et à révéler votre personnalité et votre authenticité.

Voici une méthode simple pour formuler une demande assertive :

Posez directement la question à la personne. Adressez-vous à elle par son nom et expliquez pourquoi vous avez besoin d'aide. Formulez brièvement ce que vous attendez d'elle. Restez calme, gardez le contact visuel et parlez avec sincérité. Évitez d'être flatteur pour convaincre la personne de vous aider.

Soyez prêt à discuter jusqu'à ce que vous soyez tous deux satisfaits.
L'autre personne a également le droit de refuser et de demander des
précisions, de négocier ou de vous faire part des problèmes que votre
demande pourrait lui causer. Préparez-vous à cette éventualité.

Formuler des demandes avec assertivité nous évite de manipuler les
gens ou de réclamer de l'aide avec insistance. Cela renforce également
notre confiance et notre estime personnelle. Cependant, rappelez-vous
de ne pas réagir personnellement à la réponse de votre interlocuteur à
vos demandes.

Conseils pour Faire Preuve d'Assertivité

- CONTACT VISUEL — Regardez la personne à qui vous
  parlez, en évitant de la fixer.

- POSTURE DU CORPS — Tenez-vous debout ou assis bien
  droit face à la personne, sans toutefois être trop rigide.

- DISTANCE/CONTACT PHYSIQUE — Si vous pouvez
  sentir la respiration de l'autre personne, vous êtes probablement
  trop près. Gardez une distance convenable par rapport à celle-ci.

- GESTES — Utilisez les gestes de la main pour compléter ce
  que vous dites, mais souvenez-vous que vous ne dirigez pas un
  orchestre.

- EXPRESSIONS DU VISAGE — Veillez à ce que l'expression
  de votre visage corresponde à vos émotions et à ce que vous
  dites. Par exemple, ne riez pas lorsque vous êtes contrarié ou
  ne froncez pas les sourcils lorsque vous êtes heureux.

- TON DE VOIX, INFLEXION ET VOLUME — Pour vous
  assurer que votre message assertif est bien entendu, portez

attention au ton de votre voix, à son inflexion (accentuation sur les syllabes) et à son volume.

- FLUIDITÉ — Il est important d'être fluide et de parler de façon efficace.

- LE CHOIX DU MOMENT — Le choix du moment est important, surtout lorsque vous exprimez vos sentiments négatifs ou que vous soumettez une demande à quelqu'un. Si vous agissez quelques jours trop tard ou immédiatement devant des gens, ce n'est peut-être pas le bon choix. Procédez dès que les deux parties ont le temps de régler leurs questions en privé.

- L'ÉCOUTE est un élément important de l'assertivité, mais il est souvent négligé. Lorsque vous exprimez vos sentiments, sans empiéter sur les droits d'autrui, vous devez également donner à l'autre personne la possibilité de vous répondre.

- LE CONTENU — Selon l'objectif que vous souhaitez atteindre par votre comportement assertif, le contenu de votre message sera différent.

Comment Gérer les Critiques avec Assertivité

Il existe trois façons de vous adapter à la critique et de prendre une décision sur le comportement que vous allez éventuellement adopter. N'oubliez pas que les gens critiquent votre comportement, c'est-à-dire ce que vous dites et faites, et non ce que vous êtes.

Les trois façons de gérer les critiques avec assertivité sont les suivantes :

1. Acceptez, si c'est vrai — Il est toujours possible qu'il y ait une part de vérité dans ce que les gens disent de vous. Par exemple,

si quelqu'un vous dit : «Vous réfléchissez toujours trop à des détails insignifiants.» Admettez-le en disant : «Oui, j'ai parfois tendance à trop réfléchir sur des questions mineures.»

2. Si vous avez commis une erreur, assumez-la. Ne parlez que de l'erreur et non de vous en tant que personne. Par exemple, votre patron vous dit : «Qu'est-ce qui vous arrive, le fichier devait être en format .pdf». Reconnaissez votre erreur et promettez de la corriger dès que possible.

3. Si une personne vous critique inutilement, demandez-lui ce qui la préoccupe exactement. Par exemple, si quelqu'un vous reproche votre décision de vous marier à un âge avancé, vous pourriez admettre que le mariage devrait avoir lieu à un âge plus jeune que le vôtre. Mais si cette personne continue d'en faire toute une histoire, demandez-lui ce qui le perturbe exactement.

En utilisant l'une des trois techniques ci-dessus pour gérer les critiques avec assertivité, vous vous sortirez de situations désagréables sans vous sentir coupable ou bête. En sachant que vous pouvez gérer les critiques sans crier ni injurier quiconque, vous vous rapprocherez de la personne que vous souhaitez vraiment être.

Exprimez-Vous et Réfléchissez par Vous-Même

Vous rendez-vous compte que vous êtes une personne unique? Par conséquent, vous devriez apprendre à vous sentir à l'aise en ce qui concerne le style dans lequel vous vous affirmez. Certaines personnes parlent fort et avec enthousiasme, et les gens les entendent explicitement. D'autres parlent plus doucement et plus rarement, mais on les entend tout aussi bien.

Alors, ne modifiez pas votre style. L'essentiel est de formuler exactement ce que vous désirez ou ce dont vous avez besoin. Ainsi, quel est le meilleur moyen pour que l'on vous écoute?

- Regardez votre interlocuteur dans les yeux. Si vous êtes de petite taille ou si vous vous déplacez en fauteuil roulant, attirez l'attention sur vous en vous adressant directement à votre interlocuteur. Si ce dernier ne semble pas vouloir vous regarder, trouvez une façon astucieuse, mais polie, de dire : « Je suis devant vous ! »

- Parlez d'une manière claire et distincte. Si vous avez un trouble de la parole, calmez votre anxiété. Détendez les muscles de votre corps, inspirez profondément et expirez lentement. Parlez lentement et aussi distinctement que possible. Vous pouvez visualiser une image apaisante, comme un ruisseau de montagne, pour vous aider à vous décontracter. Quand vous serez calme, l'autre personne se détendra également et se concentrera sur ce que vous dites.

- Soyez courtois et poli, mais sans être obséquieux.

- Si l'autre personne s'adresse à tous les gens autour d'elle sauf à vous, dites-lui gentiment et fermement que vous aimeriez que l'on s'adresse à vous directement.

- Réfléchissez à ce que vous allez dire et à la manière dont vous allez le faire, *avant* de commencer à parler.

Auto-Évaluation : Quel Est Votre Style ?

Si l'assertivité n'est pas votre style, quel est-il ? Choisissez l'une des options ci-dessous :

- Le **Gentil**, qui craint de dire ou de faire quoi que ce soit qui puisse offenser son entourage.

- Le **Pleurnichard**, qui se plaint constamment à propos de ce dont il a besoin et qu'il ne reçoit pas, de la façon dont les gens le traitent lorsqu'il demande quoi que ce soit, ou à quel point tout va de travers, mais qui n'agit jamais pour y remédier.

- L'**Adepte**, qui s'attend à ce que les gens défendent ses droits et interviennent en son nom.

- La **Victime Silencieuse**, qui boude en silence et qui croit qu'il n'y a rien qu'elle puisse faire pour changer sa vie.

- La **Princesse des Fées**, qui s'attend à ce que tout lui soit livré sans aucun effort de sa part.

- Le **Gardien**, qui attend qu'un miracle se produise. Qui attend, attend et attend que quelqu'un d'autre fasse quelque chose.

- La **Bombe**, qui tire sporadiquement des missiles de colère.

- Le **Chat Effrayé**, qui craint que les gens ne s'en prennent à lui s'il se donne la peine d'agir.

- L'**Apaiseur**, qui se contente de faire des compromis sur ses propres besoins.

Comment vous percevez-vous lorsque les gens vous critiquent ?

Quelles sont vos attentes lorsque vous demandez de l'aide à quelqu'un ?

Écrivez les réponses à ces questions avant d'en apprendre davantage sur l'assertivité dans le chapitre suivant.

Résumé du Chapitre

- L'assertivité est un mode de comportement et une compétence de communication qui peut être apprise et qui s'exerce pour accomplir ce que vous voulez dans la vie.

- Les trois clés d'un comportement assertif sont : Savoir ce que vous voulez, Dire ce que vous voulez et Obtenir ce que vous voulez.

- Votre langage corporel est révélateur de votre personnalité et de votre assurance, avant même que vous n'ouvriez la bouche. Veillez à manifester votre assertivité et votre confiance par votre langage corporel.

- L'expression de vos sentiments, de vos pensées et de vos opinions, qu'ils soient positifs ou négatifs, le fait de dire « non » respectueusement à certaines demandes et de demander de l'aide en cas de besoin sont les éléments essentiels d'un comportement assertif.

Dans le chapitre suivant, vous apprendrez :

- Pourquoi est-il difficile de dire « non » ?

- Comment pouvez-vous améliorer votre capacité à dire « non » dans votre vie personnelle et professionnelle ?

- Quelle est la bonne façon de dire « non » ?

CHAPITRE CINQ
L'Art de Refuser

Un aspect crucial du comportement assertif est la capacité à dire « non » au bon moment et de la bonne manière. Vous connaissez les avantages que cette aptitude vous apporte tant au niveau personnel qu'au niveau relationnel. Mais le fait de connaître ces avantages rend-il la tâche plus facile ?

Vous ne pouvez pas répondre « oui » à cela ! N'est-ce pas ?

Pourquoi ? Pourquoi Est-il Difficile de Dire Non ?

Jennie n'était pas tout à fait prête à se marier. Elle savait que son âge était tout à fait approprié pour se marier, mais elle voulait se concentrer sur sa carrière et penser au mariage plus tard. Ses parents soulevaient la question presque quotidiennement : « Tu as trente-quatre ans maintenant », disaient-ils. « Si tu tardes, tu ne trouveras pas de bon parti. Tu passeras toute ta vie seule. Alors pourquoi n'envisages-tu pas de te marier maintenant ? » Jennie savait que ses parents avaient probablement raison. Cependant, quelque part au fond d'elle-même, elle n'était pas complètement convaincue par l'idée du mariage pour le moment. Et elle ne savait pas comment l'annoncer à ses parents.

Les amis de Susan allaient dans un club très chic. Elle n'avait pas les moyens de se payer une soirée arrosée et n'avait pas non plus envie de se saouler, ce qui, elle le savait, serait le résultat final de la soirée. Mais elle n'arrivait pas à trouver un moyen de s'en sortir sans irriter ses amies.

Susie venait de divorcer de son mari. Ses parents et ses amis la poussaient à s'inscrire sur un site de rencontres. Mais Susie était réticente. Son problème n'était pas de savoir si un homme s'intéresserait à elle ou non, mais de savoir ce qui se passerait si elle ne s'intéressait pas à lui. Elle ne pouvait pas rejeter quelqu'un poliment. Elle ne pouvait pas blesser les sentiments des gens. Il lui était difficile de dire « non » à quelqu'un.

L'une de ces situations vous semble-t-elle familière ?

De nombreux hommes puissants considèrent que le « non » est un élément primordial d'une stratégie gagnante. En voici un exemple,

Steve Jobs : *Se concentrer, ce n'est rien d'autre que dire non.*

Warren Buffett : *Nous devons apprendre à dire oui lentement et non rapidement.*

Tony Blair : *L'art du leadership consiste à dire non, plutôt qu'à dire oui. Car, il est très facile de dire oui.*

Malgré ces fameuses citations d'hommes de pouvoir, il n'est pas facile pour nous de développer l'art de dire « non ». Pourquoi ?

En voici les raisons :

La Crainte du Conflit

Pour la plupart d'entre nous, la crainte du conflit est omniprésente. Nous n'aimons pas que les gens nous critiquent ou se mettent en colère contre nous. C'est pourquoi nous évitons de répondre « non », de peur d'entrer en conflit avec quelqu'un. Il peut s'agir de notre partenaire, d'un collègue, d'un ami ou d'un patron.

De nombreux parents cherchent à éviter les conflits avec leurs enfants et répondent à toutes leurs demandes, même s'ils savent qu'ils ne devraient pas s'y plier. Ils estiment que s'ils disent « non » à leurs enfants, ceux-ci cesseront de les aimer.

Cependant, cette peur du conflit nous est inculquée dès l'enfance. On nous enseigne et on exige de nous que l'on fasse ce que les parents, les enseignants et les autres personnes en position de pouvoir nous disent de faire. Ils nous apprennent à craindre d'être punis ou de perdre leur amour si nous désobéissons. Cette crainte du conflit nous accompagne jusqu'à l'âge adulte.

De plus, le désir de s'intégrer et d'être accepté par nos pairs nous empêche également de dire « non ». Les recherches montrent que les individus, hommes et femmes, ont un énorme besoin de faire partie d'un groupe de pairs. Nous voulons être acceptés par nos amis ou par les personnes avec lesquelles nous souhaitons nous lier d'amitié. C'est pourquoi nous nous taisons.

Vous ne Voulez Pas Décevoir ou Blesser Quelqu'un

Parfois, nous agissons de manière que les gens de notre entourage se sentent mieux, même si ce n'est pas ce que nous voulions faire. Mais, pour satisfaire les gens, pouvez-vous compromettre votre propre satisfaction ? Imaginez que vous deviez présenter un projet urgent le lendemain, mais que vous ne puissiez pas dire non à votre proche pour une soirée parce que vous ne voulez pas le décevoir.

Ce N'est Pas Politiquement Acceptable

Pour certains, l'idée de refuser la demande de quelqu'un n'est pas politiquement acceptable, car elle vous renvoie l'image d'une personne égoïste et insouciante.

C'est Plus Difficile Pour les Femmes

Les femmes ont souvent du mal à dire «non» aux hommes parce qu'elles veulent bien s'entendre avec eux. Elles préfèrent se montrer aimables et ne souhaitent pas les blesser.

C'est un Signe de Faiblesse

Certaines personnes considèrent que dire «non» est un signe de faiblesse, que ce soit dans leur propre esprit ou dans celui des gens pour qui elles travaillent.

Les Gens Ne s'Attendent Pas à ce Que Vous Refusiez

Lorsque quelqu'un vous demande de faire quelque chose, il suppose déjà que vous allez dire oui. Il a donc déjà un avantage psychologique sur vous et vous ne voulez pas le décevoir.

Supposons par exemple que votre mère vous demande de préparer le dîner avant de partir pour une soirée chez un ami. Elle sait que vous êtes en retard, mais elle vous formule cette demande parce qu'elle ne se sent pas bien ce jour-là. Cela vous semble normal! Toutefois, le problème se poserait si elle vous demandait de préparer le dîner chaque fois que vous devez vous occuper de questions importantes, même si elle se sent bien.

Comment Serez-Vous Perçu Si Vous Répondez « Non » ?

Si vous dites « non », vous craignez d'être perçu comme quelqu'un de difficile ou quelqu'un qui ne s'entend pas bien avec les autres.

En effet, vos intérêts et ceux des personnes avec lesquelles vous travaillez peuvent être radicalement différents. Pourtant, vous cédez à leurs attentes et faites des compromis avec vos propres valeurs pour que les gens ne vous jugent pas défavorablement.

Dire Oui Est Naturel Pour Vous

Vous êtes sans doute une personne qui aime dire « oui », même lorsque vous n'êtes pas tout à fait d'accord. Cette attitude correspond à vos valeurs et fait partie de votre généreuse personnalité.

Vous cherchez à vous rendre utile autant que possible chaque fois que vous le pouvez. Vous avez tendance à considérer que les besoins et le temps des gens ont plus de valeur que les vôtres. C'est pourquoi la nature de la demande n'a pas vraiment d'importance. Vous préférez simplement dire « oui ».

Bien qu'il s'agisse d'une attitude sympathique, lorsqu'elle est poussée à l'extrême, elle peut vous épuiser. Il est toujours préférable d'adopter une approche équilibrée et de préserver votre temps et votre énergie. Ce n'est qu'ainsi que vous serez en mesure d'aider les gens comme vous le souhaitez et dans la mesure où vous le désirez.

Dire Oui Est Plus Positif Que Dire Non

La société actuelle est de plus en plus marquée par la négativité. Pour qu'il y ait de la positivité dans votre vie, vous devez y contribuer et, par conséquent, vous devez vous efforcer de dire « non » aux projets dans lesquels vous ne voulez pas vous engager.

Tout le Monde Dit Oui

Qu'est-ce que ça signifie? Supposons que vous soyez à une fête de bureau et que tous les employés consomment des boissons alcoolisées, sauf vous, car c'est à l'encontre de vos valeurs. Vous ne buvez pas d'alcool du tout. Cependant, pour éviter de ne pas vous intégrer à vos collègues, vous bafouez vos valeurs. Vous n'osez pas dire « non ».

L'Incapacité à Reconnaître l'Ampleur de l'Engagement

Supposons que vous acceptiez constamment des projets au travail. Vous n'avez refusé aucun d'entre eux, estimant que vous pourriez les terminer d'ici le week-end. Cette situation s'explique par le fait que les tâches semblent simples a priori, mais que lorsque vous vous mettez au travail, elles s'avèrent beaucoup plus compliquées.

Retourner une Faveur

Chaque fois que quelqu'un vous accorde une faveur, vous vous sentez obligé de la lui rendre sous une forme ou une autre. C'est la psychologie humaine et le pouvoir de la réciprocité. Il n'y a rien de mal à demander ou à rendre une faveur. Mais, vous devez réfléchir à la manière dont vous le faites. Vous ne voulez pas entreprendre une tâche qui dépasse vos capacités ou le temps que vous devriez y consacrer.

Pour Démontrer votre Valeur

Les personnes qui ont une faible estime d'elles-mêmes ou qui manquent d'assurance dans leur travail sont généralement plus enclines à dire « oui » pour prouver leur valeur.

Par conséquent, vous devez réfléchir avant d'accepter une demande.

Toutefois, il convient de garder à l'esprit que les raisons invoquées ne sont pas des faits. Ce ne sont que des pensées ou des opinions que vous avez apprises et avec lesquelles vous avez grandi. Chacune d'entre elles peut être remplacée par une puissante et véritable opinion sur le fait de dire « non ».

Quelle est la Vérité à Propos du « Non » ?

Remplacez vos vieilles idées et opinions préconçues à propos du « non » par celles-ci :

- Les gens ont le droit de demander et j'ai le droit de refuser. Ne craignez pas qu'ils soient contrariés si vous refusez leur demande.

- Dire « non », c'est refuser la demande, pas rejeter la personne.

- Lorsque je dis « oui » à une situation, en réalité, je dis « non » à une autre situation. J'ai toujours le choix.

- Les problèmes surviennent parce que je surestime la difficulté que rencontrera l'autre personne à accepter mon refus. Mais, si j'exprime mes sentiments ouvertement et honnêtement, elle se sentira également libérée d'exprimer les siens.

- Dire « non » à la demande de quelqu'un ne signifie pas qu'il ne pourra plus faire d'autres demandes.

Comment Pouvez-Vous Améliorer votre Capacité à Dire «Non»?

Une fois que vous avez identifié les raisons personnelles qui vous empêchent de dire «non», il est temps de déployer ces techniques :

- Entraînez-vous à dire «non» dans des situations anodines ou sans importance, comme refuser d'acheter un article dans un supermarché.

- Arrêtez-vous une minute et prenez une respiration avant de répondre «oui». Vous disposerez d'un peu d'espace et de temps pour évaluer vos propres besoins et y répondre.

- Demandez l'avis d'autres personnes si vous avez besoin d'un renfort pour votre propre prise de position. Je reviendrai sur ce point dans un instant.

- Ne vous laissez pas piéger par le syndrome de «tout le monde». Il est presque systématiquement faux que «tout le monde» fait la même chose, ou souhaite que vous fassiez tout ce qu'on vous demande.

- Prenez une minute et demandez-vous si vous ressentirez de la culpabilité, de l'anxiété, de la déception ou toute autre émotion si vous ne faites pas ce qui est demandé. Pouvez-vous le tolérer? Cela vaut-il vraiment le coup d'accepter la demande pour ne pas ressentir ces émotions?

- Évaluez le résultat. Quelle sera la gravité de la situation? Cela vaut-il la peine de céder ou non?

Pour devenir plus habile dans l'art de dire «non», rappelez-vous que vous pouvez changer d'avis dans la plupart des cas. Ne pensez pas que vous n'avez qu'une seule occasion. Il y en aura de nombreuses autres par la suite.

Obtenir un Renfort Pour Dire «Non»

Nous nous sentons généralement plus à l'aise de répondre «non» à quelqu'un si nous sommes soutenus par des amis ou des personnes en qui nous avons confiance.

Poursuivons avec les exemples précédents :

Jennie a parlé à ses amies du comportement de ses parents au sujet du mariage. Elles l'ont aidée à comprendre les préoccupations de ses parents, mais lui ont aussi appris à exprimer ses sentiments sur le sujet.

Les amies de Susie lui ont proposé diverses techniques pour dire «non» aux hommes, comme ne pas répondre à leurs appels ou donner des excuses pour ne pas aller de l'avant, mais elle n'était pas d'accord avec celles-ci. Elle a compris que dire «non» gentiment, mais fermement, fait partie du processus et ne fait pas d'elle une personne méchante ou mal intentionnée.

Susan a également parlé à quelques amis qui ne faisaient pas partie du groupe festif qui souhaitait sortir dans un club. Elles l'ont soutenue dans sa décision : c'est une perte de temps, une dépense importante pour une activité qui laisse un sentiment de déception et l'alcool consommé nuit aux performances du lendemain. Ils lui ont dit que ses amies ne remarqueraient même pas son absence. Elles veulent simplement de la compagnie.

Susan a donc simplement refusé l'invitation de ses amies, et après quelques tentatives pour la faire changer d'avis, elles l'ont laissée tranquille. Et la manière dont elles se comportent avec elle au travail n'a pas changé.

Voilà que la partie la plus difficile se présente maintenant !

Quelle est la Bonne Façon de Dire « Non » ?

Même les personnes qui s'affirment se retrouvent dans des situations où elles acceptent des propositions qu'elles n'ont pas envie de concrétiser. Cette attitude peut être appropriée dans certaines situations. Par exemple, si votre patron vous demande d'exécuter une tâche et que vous n'en avez vraiment pas envie, vous ne pouvez pas exercer vos compétences en matière d'assertivité et lui dire « non » — vous ne voudriez pas être renvoyé !

Mais si votre ami vous demande de participer à une activité pour laquelle vous ne pouvez pas vous libérer et que vous acceptez, vous vous retrouverez surchargé.

Examinons les conséquences de l'incapacité à dire « non » :

- Vous suscitez du ressentiment et de la colère envers la personne à qui vous avez répondu « oui », bien qu'elle n'ait rien fait de mal. Ce ressentiment s'accumule au fil du temps jusqu'à ce que vous ne puissiez plus le tolérer.

- Vous devenez de plus en plus frustré et déçu par vous-même.

- Vous risquez d'être surmené et de subir un stress important si vous prenez plus de responsabilités que vous ne pouvez en soutenir.

- À long terme, vous risquez de souffrir d'une faible estime personnelle, de dépression et d'anxiété.

- Dans différentes circonstances, certaines personnes sont capables de dire « non », mais de manière agressive, sans respecter ni tenir compte de l'autre personne. Cette attitude peut conduire les gens à s'éloigner de vous, ce qui n'est pas une communication assertive de qualité.

Il existe quelques principes de base à retenir lorsque vous souhaitez répondre « non » :

- Informez la personne s'il vous est difficile d'accepter sa demande.

- Soyez direct et honnête, sans être grossier.

- Faites preuve de politesse. Répondez par une formule du type « Je vous remercie de votre demande, mais… ».

- Veillez à ce que votre message soit bref. N'expliquez pas exagérément vos actions et les raisons pour lesquelles vous avez répondu par la négative.

- Parlez lentement en faisant preuve de bienveillance et de compassion.

- Ne vous excusez pas et ne donnez pas de raisons élaborées pour justifier votre « non ».

- Assumez la responsabilité de dire « non » en évitant de blâmer ou de chercher des excuses.

- Si nécessaire, proposez des alternatives pour résoudre le problème de votre interlocuteur.

Rappelez-vous que vous avez le droit de dire non si vous ne voulez pas entreprendre certaines tâches. De plus, il est préférable de faire preuve de sincérité dès le départ plutôt que d'engendrer de la colère et du ressentiment en répondant par l'affirmative.

Des Moyens Appropriés pour Exprimer un « Non »

Il existe plusieurs façons de dire « non » qui sont plus appropriées en fonction des situations particulières.

- **Le « non » direct** — Lorsque quelqu'un vous demande d'accomplir quelque chose que vous ne voulez pas faire, dites simplement « non » sans vous excuser. Bien que percutante, cette technique est très efficace avec les commis-vendeurs.

- **Le « non » réfléchi** — Dans ce cas, vous reconnaissez le contenu et le sentiment de la demande, puis vous ajoutez votre refus affirmé à la fin. Par exemple : « Je sais que vous êtes enthousiaste à l'idée du voyage à Goa, mais je ne peux pas y participer. »

- **Le « non » motivé** — Dans cette technique, vous donnez une raison brève et authentique à votre refus. Par exemple, « Je ne peux pas vous accompagner pour faire du shopping parce que je dois rendre ce projet demain. »

- **Le « non » de réserve** — Il ne s'agit pas d'un « non » définitif. Vous pouvez refuser la demande dans l'immédiat, mais laisser une marge de manœuvre pour dire « oui » à l'avenir. Cependant, ne l'utilisez que si vous souhaitez réellement répondre à la demande. Par exemple : « Je ne peux pas me déplacer pour rencontrer tes parents aujourd'hui, mais je pourrais me libérer la semaine prochaine. »

- **Le « non » interrogatif** — Il ne s'agit pas d'un « non » direct, mais bien de laisser libre cours à la demande pour déterminer s'il existe un autre moyen d'y répondre. Par exemple, si votre amie vous demande ce que vous pensez de la tenue qu'elle porte et que, selon vous, elle aurait avantage à en porter une autre, vous pourriez répondre : «Est-ce qu'il y a une autre tenue que tu pourrais porter?»

- **Le «non» à disque brisé** — Peut être utilisé dans un large éventail de situations où vous répétez la simple déclaration de refus à maintes reprises. Sans explication, sans excuse, vous continuez à répéter votre refus. Cette technique est particulièrement utile dans le cas de demandes persistantes.

Comment Dire «Non» dans un Contexte Professionnel

Avez-vous déjà remarqué le nombre de fois où vous aviez accepté un projet et l'aviez regretté par la suite? Ceux-ci correspondent-ils réellement aux objectifs de votre entreprise?

Si vous ne pouvez pas les refuser, vous en paierez le prix. Délais non respectés, clients non satisfaits, épuisement physique et mental, frustration et stress. Lorsque vous avez l'habitude d'accepter toutes les demandes qui vous parviennent, vous perdez votre concentration et vous vous éloignez de vos objectifs. Le prix à payer est trop élevé.

Découvrez comment vous pouvez protéger votre temps et votre énergie dans ces scénarios professionnels typiques en adoptant la bonne façon de répondre.

Le profiteur est un client potentiel arrogant qui tente de vous convaincre d'effectuer son projet gratuitement. Informez-le de la valeur de votre travail et de la manière dont il peut vous rémunérer.

Organisez une consultation formelle avec votre client, présentez-lui votre plan de travail et déterminez si vous pouvez travailler ensemble. Si les conditions ne sont pas réunies, demeurez professionnel et cordial. Vous pouvez partager d'autres ressources dans votre réseau ou recommander des ouvrages, des blogues ou des formations. Votre honnêteté et votre aide seront estimées par ce client. Sinon, il n'y a rien à perdre, car il n'a manifestement jamais eu l'intention de faire affaire avec vous.

Comment appelle-t-on un client qui apporte toujours des modifications à un projet? Même après avoir signé la proposition? Un «Scope Creeper», qui signifie «quelqu'un qui s'immisce dans un projet»! Ces individus réclament fréquemment des modifications qui risquent de perturber le calendrier du projet et de vous faire perdre la tête.

Dans ce cas, soyez ferme, clair et direct lors de la première réunion. Fixez des limites précises pour les demandes ponctuelles. Précisez votre politique concernant le déroulement du projet après sa signature (rejet, pénalités de temps, coût élevé, etc.). Ainsi, le client potentiel y réfléchira à deux fois avant de formuler des demandes postérieures à la signature.

La réunion sans issue. Les réunions accessoires encombrent votre horaire, vous font perdre du temps et vous épuisent mentalement. Avant d'accepter une réunion de ce genre, évaluez dans quelle mesure elle contribuera à la progression de votre projet.

Prenez une minute pour consulter votre agenda, analysez les avantages et les inconvénients de la réunion, puis répondez à la personne qui vous l'a proposée en toute confiance. Si cela ne vaut pas la peine que vous y consacriez du temps, dites simplement «non».

S'il vous est difficile de refuser, ou si vous avez besoin de plus d'informations pour prendre votre décision, renseignez-vous avant de vous engager. Enfin, si vous acceptez une rencontre, fixez la durée de la discussion.

L'Utilité de Dire « Non » dans un Contexte Professionnel

Vous vous offrez un cadeau lorsque vous dites « non » aux tâches que vous n'avez pas envie d'accomplir. Votre emploi du temps est moins encombré et vous êtes moins anxieux. Vous pouvez ainsi vous concentrer — physiquement et mentalement — sur les éléments qui importent vraiment pour votre entreprise. En répondant « non », vous protégez votre énergie et votre ressource la plus importante : LE TEMPS.

Savoir dire « non » est un atout précieux.

Devoirs à Faire

Avant de passer à l'unité suivante, voici quelques devoirs à effectuer :

1. Décrivez une (ou plusieurs) situation(s) de votre vie dans laquelle vous souhaiteriez dire « non » mais n'y parvenez pas.

2. Écrivez une (ou plusieurs) raison(s) qui vous empêche de répondre « non ».

3. Souvenez-vous d'une conversation au cours de laquelle vous avez cédé à une demande. Qu'est-ce qui vous a poussé à l'accepter ? Ensuite, imaginez la même conversation et entraînez-vous à refuser avec confiance.

Résumé du Chapitre

• Il est essentiel de dire « non » aux différentes requêtes au moment opportun et de manière adéquate pour votre bien-être et votre santé, ainsi que pour entretenir des liens harmonieux et solides avec autrui.

- Cependant, nous craignons de dire «non» par peur des conflits, ou par souci de blesser ou de décevoir les gens en leur répondant par la négative.

- La colère, le ressentiment, la frustration, le stress, la dépression, l'anxiété et une faible estime de soi résultent de notre incapacité à dire «non» au bon moment.

- L'assertivité nous apprend à dire «non» de manière respectueuse, tout en tenant compte de nos propres besoins.

Dans le chapitre suivant, vous apprendrez :

- Qu'est-ce que les limites ?

- Pourquoi devez-vous établir des limites pour vous-même ?

- Dans quels domaines pouvez-vous fixer vos limites ?

- Comment définir des limites saines ?

CHAPITRE SIX
Quelles Sont vos Limites ?

Malheureusement, les limites que nous nous fixons ne sont pas visibles au monde extérieur. Elles ne s'apparentent pas à un mur physique ou à un panneau d'interdiction d'accès que nous érigeons autour de nous. Néanmoins, nous devons les fixer et les communiquer à notre entourage. Cette démarche est essentielle pour notre santé, notre bien-être mental et même notre sécurité.

Nous devons établir des limites pour :

- Notre espace personnel

- Notre sexualité

- Nos pensées et nos sentiments

- Nos biens

- Notre temps et notre énergie

- Notre culture, notre religion et notre éthique

Définir ses limites et respecter celles des gens autour de vous ne relève pas de la science-fiction, mais il faut néanmoins apprendre à les fixer.

Que vous souhaitiez poser des limites avec votre famille ou avec des inconnus, voici comment vous pouvez aborder la question.

Comprendre et Déterminer vos Limites

Les gens se méprennent généralement sur le terme «limite». Ils la perçoivent comme un moyen de se tenir à l'écart des gens. Cependant, le fait de fixer des limites claires fournit des règles saines pour ce que vous acceptez dans vos relations, qu'elles soient personnelles ou professionnelles.

Les avantages de définir vos limites sont les suivants :

Des Relations Saines et une Meilleure Estime de Soi

Melissa Coats, conseillère professionnelle agréée, affirme que *«les limites préservent les relations d'un sentiment d'insécurité. Elles nous rapprochent plutôt qu'elles ne nous éloignent, et sont donc nécessaires dans toutes les relations.»*

Le fait de poser des limites vous permet de vous accorder la priorité, qu'il s'agisse de prendre soin de vous, de votre carrière ou de vos relations.

Les Limites Doivent Être Souples

Ces limites ne doivent pas être tracées à l'encre indélébile. Vous devez les réévaluer de temps à autre et y apporter les changements nécessaires. Des limites trop rigides ou trop inflexibles entraînent des inconvénients plutôt que des avantages.

Les Limites Aident à Préserver votre Énergie Émotionnelle

Lorsque vous ne pouvez pas vous faire entendre, vous avez l'impression de perdre votre identité. Votre estime de soi s'amenuise. Vous développez de l'amertume à l'égard des gens. Cependant, lorsque vous établissez vos limites, vous êtes en paix avec vous-même et vous préservez votre énergie pour prendre soin de vous.

Les Limites Vous Permettent d'Évoluer

Nos sentiments ne sont pas toujours simples. Ils peuvent parfois se révéler compliqués. En fixant des limites et en les franchissant si nécessaire, vous faites preuve de vulnérabilité. Le seul fait de parler ouvertement de vos sentiments avec vos amis témoigne de votre authenticité. En agissant ainsi, vous les encouragez à se confier à vous lorsqu'ils en ressentiront le besoin.

Toutefois, la vulnérabilité et le partage excessif sont deux notions différentes. La vulnérabilité est authentique et rapproche les gens. À l'inverse, le partage excessif est une forme de chantage émotionnel et impose un rapport de force à une autre personne.

Les indices d'un partage excessif sont :

- Attaquer quelqu'un personnellement sur les médias sociaux.

- Ne pas filtrer les internautes qui suivent vos drames quotidiens sur les médias sociaux.

- Partager des détails personnels avec de nouvelles personnes dans l'espoir de précipiter l'amitié.

- Des conversations à sens unique et à caractère dominant

- S'attendre à ce que les amis et la famille vous offrent une thérapie émotionnelle sur appel.

En partageant trop de détails, vous risquez de transgresser les limites d'autrui.

Comment Fixer vos Limites ?

Définir vos limites ne se résume pas par un tutoriel que vous pouvez consulter sur Google. Chacun d'entre nous a ses propres limites, qui varient d'une personne à l'autre.

Qu'est-ce qui façonne nos limites ?

- Notre héritage ou notre culture

- L'endroit où nous vivons ou d'où nous sommes originaires

- Le fait que nous soyons introvertis, extravertis ou quelque part entre les deux.

- Nos expériences de vie

- Notre dynamique familiale

Nous avons tous une dynamique familiale distincte. Chacun d'entre nous interprète les situations différemment. Par ailleurs, nous modifions tous nos limites au fur et à mesure que nous avançons en âge et que nous changeons de perspectives. Une taille unique ne convient pas à tous.

L'autoréflexion contribue à définir vos propres limites et inclut les connaissances suivantes :

1. Quels Sont vos Droits ?

Identifiez vos droits fondamentaux lorsque vous fixez vos limites. Il s'agit notamment du :

- Droit de dire « non » sans vous sentir coupable.

- Droit d'être traité avec respect.

- Droit d'accorder la même importance à vos besoins et à ceux d'autrui.

- Droit d'accepter vos erreurs et vos échecs.

- Droit de refuser les attentes déraisonnables d'autrui.

Lorsque vous êtes conscient de vos droits et que vous y adhérez, il est plus simple de les honorer. Vous cesserez alors de consacrer de l'énergie à faire plaisir à ceux qui ne respectent pas vos droits.

2. Qu'est-ce Que Vous Révèle votre Instinct ?

Vous pouvez déterminer si quelqu'un transgresse vos limites ou si vous devez en mettre en place, en vous basant sur votre intuition. Des signes tels que l'accélération du rythme cardiaque, la transpiration, l'oppression thoracique et les maux d'estomac vous indiquent que vous ne vous sentez pas à l'aise dans une situation donnée et que vous devez établir une limite. Par exemple, serrez-vous les poings lorsque vous découvrez que vos limites sont transgressées ? Si quelqu'un vous pose des questions sur votre vie privée, votre mâchoire se crispe-t-elle ?

3. Quelles Sont vos Valeurs ?

Vos limites et votre moralité sont étroitement liées. Identifiez vos dix valeurs fondamentales et sélectionnez les trois plus importantes. Quels sont les défis auxquels ces valeurs sont confrontées et qui vous rendent inconfortable? Vous saurez ainsi si vous vous êtes fixé des limites saines et solides.

Fixer vos Limites – Passer à l'Action

Conseils pour définir vos limites en toute confiance :

1. Faire Preuve d'Assertivité

Poser des limites de manière assertive, c'est démontrer votre fermeté et faire preuve de bienveillance. Avec un langage assertif, vous ne serez pas considéré comme sévère, mais non négociable, sans pour autant critiquer le destinataire. Le langage agressif, quant à lui, apparaît comme sévère et insistant.

L'utilisation de la formule «je» reflète l'assertivité. Elle témoigne d'une confiance en soi et fixe une limite appropriée en exprimant vos pensées et vos sentiments sans crainte.

Prenons l'exemple de ces deux phrases :

Premièrement : *Ne touchez pas à mon journal!*

Deuxièmement : *Je me sens envahi lorsque quelqu'un veut consulter mon journal, car c'est mon espace privé où je note mes pensées.*

Laquelle, selon vous, permet le respect de votre vie privée? La deuxième, bien sûr. Parce qu'elle est claire, non négociable et qu'elle exprime ce que vous attendez et les raisons qui vous poussent à le faire.

2. Prenez l'Habitude de Dire Non

Comme nous l'avons évoqué précédemment, en répondant «non», vous vous accordez de l'importance. Vous n'avez pas besoin de vous justifier auprès de la personne à qui vous opposez un refus.

3. Protégez vos Espaces

Établissez des limites pour vos besoins personnels, vos espaces physiques et émotionnels, ainsi que pour votre temps et votre énergie. Pour cela, profitez du soutien offert par vos outils technologiques.

- Verrouillez vos objets privés dans un tiroir ou une boîte.

- Plutôt qu'un journal papier, utilisez un journal numérique protégé par un mot de passe.

- Prévoyez des moments de solitude ou des périodes où vous vous adonnez à des activités que vous aimez.

- Utilisez des mots de passe ou d'autres dispositifs de sécurité sur les appareils et les comptes technologiques.

- Réservez un moment particulier à votre horaire pour répondre aux courriels ou aux textes.

- Utilisez la fonction de réponse «hors du bureau» sur les comptes de messagerie lorsque vous êtes en vacances.

- Faites parvenir la vérification de vos congés plusieurs jours à l'avance.

- Supprimez temporairement les courriels et les applications de messagerie lorsque vous ne souhaitez pas être contacté.

- Utilisez la fonction «Ne pas déranger» sur votre téléphone et vos autres appareils.

- Engagez-vous à ne pas répondre aux messages ou aux appels envoyés sur des comptes personnels.

Certaines personnes peuvent s'attendre à ce que vous répondiez à des courriels professionnels en dehors des heures de travail. Cependant, cela peut nuire à votre bien-être et à vos relations. Par conséquent, efforcez-vous de créer un équilibre entre votre vie professionnelle et votre vie personnelle chaque fois que cela est possible.

En tant qu'adulte, vous avez le droit de protéger la confidentialité de vos comptes de messagerie et de vos messages. Faites part à votre entourage des limites que vous vous êtes fixées en ce qui concerne vos appareils numériques.

4. Demandez de l'Aide

Il se peut que vous ayez du mal à définir et à affirmer vos limites si vous êtes atteint de troubles mentaux, de dépression, d'anxiété ou si vous avez subi un traumatisme. Dans ce cas, demandez l'aide d'un professionnel de la santé.

Comment Reconnaître et Respecter les Limites d'Autrui ?

S'il est important de respecter ses propres limites, il est tout aussi essentiel de reconnaître et d'honorer celles de votre entourage, afin d'éviter de les transgresser.

Mais comment y parvient-on ? Il suffit de suivre ces trois conseils :

1. Observez les Indices

En prenant note des indices sociaux, vous pouvez identifier les limites des gens. Si une personne n'est pas à l'aise avec la proximité, elle reculera lorsque vous avancerez en lui parlant.

Voici quelques indices indiquant qu'un individu a besoin de plus d'espace :

- Absence de contact visuel

- Se détourner ou se mettre à l'écart

- Prendre un pas de recul

- Réponse brève à la conversation

- Hochement de tête excessif

- Voix aiguë soudaine

- Des gestes qui reflètent la nervosité, comme parler avec les mains ou parler rapidement.

- Croiser les bras ou raidir la posture

- Se crisper

2. Soyez Attentif aux Comportements Liés à la Neurodiversité

La neurodiversité ou les comportements neurodivers se manifestent chez les personnes atteintes d'autisme, de dyslexie, de TDAH et d'autres troubles du développement. Ces personnes utilisent certains gestes en permanence, ont un mauvais contact visuel ou rencontrent des difficultés à entamer une conversation. Soyez attentif à ces comportements lorsque vous vous adressez à une personne présentant des troubles du développement.

3. Demandez la Permission

Ne sous-estimez jamais le pouvoir de poser des questions. Demandez toujours la permission avant de vous engager dans un contact physique, comme une étreinte, ou si vous pouvez poser une question personnelle à la personne.

Les Limites Sont Conçues pour Nous Aider

Établir des limites devrait être considéré comme un moyen de consolider nos relations plutôt que d'ériger des murs pour empêcher les gens de s'approcher. Les limites nous apportent bien plus que cela. Elles peuvent nous indiquer des comportements préjudiciables. Nous négligeons souvent notre instinct en le jugeant déraisonnable, mais si une situation nous semble constamment inconfortable ou dangereuse, c'est signe d'un problème.

Si quelqu'un repousse ou enfreint vos limites, à maintes reprises, soyez attentif. Demandez également à vos proches de vous signaler honnêtement si vous dépassez leurs limites par inadvertance.

Parfois, les Limites ne Fonctionnent Pas

Poser des limites constitue une forme avancée d'assertivité. Cette pratique implique de prendre position sur qui vous êtes, ce que vous êtes prêt à faire ou à ne pas faire, et la façon dont vous voulez être considéré dans vos relations.

Cependant, même si vous avez fixé vos limites, il arrive qu'elles ne fonctionnent pas ! Malgré vos efforts, vos limites sont souvent ignorées ou transgressées ! Cette situation vous contrarie, mais ce n'est pas toujours la responsabilité de l'autre personne. Voici pourquoi vos limites ne sont pas efficaces, même si vous les communiquez avec assertivité :

- Vous fixez vos limites sous le coup de la colère ou en vous montrant insistant, par exemple : « Je te l'ai répété cent fois… »

- Votre ton est accusateur ou s'apparente à une critique plutôt qu'à de la fermeté.

- Vous n'avez pas défini de conséquences en cas de violation de vos limites.

- Vous renoncez à vous affirmer lorsqu'on vous confronte par la raison, la colère, les menaces, les injures ou le traitement silencieux.

- Vos conséquences sont jugées trop effrayantes ou irréalistes pour être appliquées.

- Vous ne mesurez pas suffisamment l'importance de vos besoins et de vos valeurs.

- Vous n'exercez pas les conséquences de manière cohérente, c'est-à-dire chaque fois que vos limites sont enfreintes.

- Vous cédez pour compatir à la douleur des autres personnes et placez leurs sentiments et leurs besoins au-delà des vôtres.

- Vos conséquences insistent sur le fait que les personnes concernées doivent changer. Les conséquences ne sont pas destinées à punir quelqu'un ou à changer son comportement, mais plutôt à exiger que vous *changiez le vôtre.*

- Vous ne disposez pas d'un système de soutien pour renforcer votre *nouveau comportement.*

- Vos paroles et vos actions sont contradictoires. N'oubliez pas que les actes sont plus éloquents que les paroles. Les actions qui consistent à récompenser quelqu'un pour avoir dépassé vos limites démontrent que vous n'êtes pas sérieux. Par exemple :

   o Vous demandez à votre voisine de vous appeler avant de se présenter à votre appartement, puis vous l'autorisez à entrer chez vous sans y avoir été invitée.

o   Vous déconseillez à une personne d'appeler après 21 heures, mais vous répondez néanmoins au téléphone.

o   Vous proposez à vos collègues de ne pas envoyer de courriels le dimanche, mais vous répondez à ceux-ci durant cette journée.

o   Vous vous plaignez d'un comportement indésirable, mais vous n'agissez pas en conséquence.

Que Pouvez-Vous Faire ?

Lorsque vous fixez vos limites, il est essentiel de bien identifier vos sentiments, vos besoins et vos valeurs (par exemple, l'honnêteté, la fidélité, le respect de la vie privée et le respect mutuel). Est-ce que vous les honorez ou les ignorez? Une fois que vous aurez défini votre zone de confort, vous pourrez facilement établir vos limites. Dans tous les domaines, évaluez vos limites actuelles en réfléchissant à :

•   Quels comportements spécifiques qui enfreignent vos valeurs ou compromettent vos besoins et vos désirs avez-vous tolérés?

•   Comment cela affecte-t-il vos relations et vous-même?

•   Pouvez-vous assumer le risque et les efforts nécessaires pour maintenir vos limites?

•   Quels sont les droits auxquels vous pensez avoir recours?

•   Avez-vous dit ou fait quelque chose qui n'a pas été concluant? Pourquoi?

•   Quelles sont les conséquences que vous pouvez tolérer si quelqu'un enfreint vos limites? Vous devez toujours honorer votre parole et en assumer les conséquences. De plus, abstenez-vous de lancer des menaces vides de sens.

- Comment allez-vous affronter la réaction de la partie adverse ?

Pour respecter vos limites et les appliquer, vous devez être convaincu que celles-ci sont nécessaires et appropriées. Cette conviction naît de la prise de conscience du prix à payer, en matière de relations et de santé, pour ne pas les avoir mises en place.

Domaines dans Lesquels Vous Devez Fixer des Limites

Il existe plusieurs domaines dans lesquels des limites s'appliquent :

- Les limites matérielles qui déterminent ce que vous pouvez offrir comme votre argent, votre voiture, vos vêtements, vos livres, votre nourriture, etc.

- Les limites physiques pour préserver votre espace personnel, votre sphère privée et votre corps. Donnez-vous une poignée de main ou une accolade — à qui et quand ? Comment réagissez-vous à la musique bruyante, à la nudité ou aux portes verrouillées ?

- Les limites mentales s'appliquent à vos pensées, vos valeurs et vos opinions. Avez-vous une bonne connaissance de vos croyances ? Pouvez-vous vous appuyer sur vos opinions ? Pouvez-vous écouter une autre personne avec ouverture d'esprit sans devenir rigide ?

- Les limites émotionnelles permettent de faire la distinction entre la séparation de vos émotions et leur responsabilité vis-à-vis de votre entourage. Des limites saines vous évitent de réprimander les autres ou d'accepter la réprimande. En effet, vous ne transférez pas vos sentiments négatifs sur une autre personne. Elles vous protègent contre le fait de vous sentir coupable des sentiments négatifs exprimés par autrui et de réagir de manière personnelle à leurs commentaires. Si vous répondez par des émotions vives en adoptant un mode défensif, il se peut que vos limites émotionnelles soient insuffisantes.

- Les limites sexuelles permettent de protéger votre niveau de bien-être en ce qui concerne les caresses et les activités sexuelles.

- Les limites spirituelles concernent vos croyances et vos expériences relatives à une force divine.

Les Limites Internes

Les limites internes déterminent la relation que vous entretenez avec vous-même. Considérez-les comme de l'autodiscipline et une gestion équilibrée du temps, des pensées, des émotions, du comportement et des impulsions.

Si vous procrastinez ou n'entreprenez des tâches que vous n'avez, ni l'obligation, ni l'envie de faire, ou si vous vous surmenez sans vous reposer suffisamment, vous négligez vos limites physiques internes. Si vous n'arrivez pas à maîtriser vos pensées et vos sentiments négatifs et à garder un certain équilibre, vos limites émotionnelles internes sont insuffisantes.

Des limites physiques et émotionnelles internes saines vous aident à éviter d'être préoccupé par les sentiments et les problèmes d'autrui. En effet, vous pensez à vous-même et vous vous accordez la priorité, plutôt que d'accepter les critiques ou les conseils d'autrui. Comme vous êtes responsable de vos sentiments et de vos actions, vous ne critiquez personne. Si l'on vous fait des reproches et que vous ne vous sentez pas responsable, au lieu de vous défendre ou de vous excuser, vous pourriez affirmer : «Je n'en assume pas la responsabilité».

La Culpabilité et le Ressentiment

Si vous vous sentez rancunier ou victime, et que vous blâmez des gens ou des situations dans votre vie, cela signifie que vous n'avez pas établi vos limites. Si vous vous sentez anxieux ou coupable de les imposer, vos relations risquent d'en souffrir. En fixant des limites, vous vous sentirez plus autonome, moins anxieux, sans ressentiment ni culpabilité. De plus, vous serez davantage respecté et vos relations s'amélioreront.

Comment Fixer de Saines Limites ?

Suivez les étapes suivantes :

L'Absence de Limites = une Faible Estime de Soi

La connaissance de soi et l'assertivité sont les premières étapes de la définition de vos limites. Celles-ci correspondent à vos valeurs et démontrent combien vous vous respectez. Bref, les limites sont vos meilleures amies.

Définissez vos Valeurs Fondamentales

Qui êtes-vous ? Quelles sont vos valeurs ? Quelle est votre zone de confort et qu'est-ce qui vous rend mal à l'aise ? Par exemple, je n'aime pas être dérangé lorsque je travaille sur mon portable. Donc, je règle mon téléphone sur le mode «ne pas déranger» lorsque je travaille. Dans mes relations, je valorise et je souhaite l'honnêteté, du temps de qualité et une transparence à cent pour cent. Une fois que vous avez défini ce qui vous est essentiel, vous pouvez passer à l'étape suivante, qui consiste à communiquer vos valeurs à votre entourage.

Conseil de Pro : plutôt que de fixer vos limites en fonction d'une relation difficile, établissez-les en fonction de vous-mêmes. Par exemple, la limite que je me suis fixée en ce qui concerne mon temps passé au téléphone vise à tenir compte de ma tendance à me déconcentrer quand je rédige des articles. Cette limite vise à réduire mon stress et ma frustration, et non à éviter les appels téléphoniques.

Vous ne Pouvez Pas Changer votre Entourage, Mais Vous Pouvez Vous Changer Vous-Même

Nous souhaitons parfois que notre entourage change. Nous réprimandons nos partenaires, nos parents ou nos pairs, en espérant et en attendant qu'ils changent. Même si nous sommes conscients que nous ne pouvons pas les changer, nous essayons parfois de le faire. Par conséquent, rappelez-vous que vous n'êtes pas responsable de ce qui sort de la bouche d'une autre personne, des choix qu'elle fait ou de ses réactions.

En définitive, vous ne pouvez pas les changer.

Puisque c'est ainsi, vous devez donc changer la façon dont vous vous comportez avec eux. Lorsque nous modifions nos comportements, le monde qui nous entoure se transforme lui aussi.

Brahma Kumaris, une organisation spirituelle, recommande toujours de commencer par modifier vos pensées à l'égard d'une autre personne et de réfléchir positivement à elle, quel que soit son comportement. Vous modifierez ainsi votre comportement à son égard, ce qui l'incitera à se transformer à son tour. Cette réaction en chaîne n'est-elle pas intéressante ?

Déterminez les Conséquences Préalablement

Comment réagir si quelqu'un franchit vos limites (ce qui ne manquera pas d'arriver) ? Déterminez les conséquences à l'avance et communiquez-les avec clarté. Toutefois, ne faites pas de menaces inutiles et n'abandonnez pas si on enfreint les limites que vous vous êtes fixées.

Par exemple, si mon ami m'appelle à plusieurs reprises pendant mon temps de travail, je ne répondrai tout simplement pas. La meilleure façon de déterminer vos propres limites et les conséquences de leur violation est de vous asseoir tranquillement avec vous-même et de vous concentrer sur votre objectif. Rappelez-vous que les limites ont pour but d'honorer vos besoins, et non de juger les choix des autres personnes.

Laissez votre Comportement Parler pour Vous

Présentez vos limites à votre entourage, puis laissez votre comportement s'exprimer. Les gens les testeront, les repousseront et ne les respecteront pas. Cependant, vous devez leur démontrer votre respect et appliquer les conséquences que vous avez définies chaque fois que quelqu'un les enfreint.

Si vous ne réagissez pas avec colère à la violation de vos limites, cela indiquera que vous vous sentez plus équilibré, tant sur le plan émotionnel que sur le plan physique.

Dites ce que vous Pensez et Pensez ce que vous Dites

Vous pouvez vous être fixé les limites les plus saines, mais si vous ne les communiquez pas formellement, vous les rendrez manipulables. Cette situation risque de créer des relations chaotiques, tant pour vous que pour toutes les personnes impliquées.

Lorsque vous dites une chose et en faites une autre, les gens peuvent remettre en question votre caractère ou votre authenticité. Pourquoi prendre ce risque?

Parfois, nous craignons d'affronter nos proches et de leur dire ce que nous ressentons. Nous craignons d'admettre que nous détestons aller dans certains restaurants, que nous avons du mal à côtoyer le cousin toxique d'un ami ou que nous détestons qu'un patron nous impose un délai à dix-huit heures le vendredi.

Mais n'oubliez pas : plus vous vous enracinez dans vos limites et vos valeurs, plus vous serez en mesure de les communiquer.

Comment Discuter de vos Limites : Technique APEE

Ding dong!

Oui, c'est votre porte d'entrée! Mais qu'en est-il si elle sonne à une heure déraisonnable? Et si c'était toujours la même personne qui se présentait?

Ma mère, femme au foyer passionnée, était vraiment perturbée par cette situation. Savez-vous pourquoi? L'explication est simple : c'est notre voisin qui était en cause. Tous les deux jours, à 14 h 30, ses enfants sonnaient à la porte pour demander où était leur mère, ou si elle avait laissé la clé de la maison chez nous. Or, c'était l'heure de la sieste de ma mère. Elle se levait très tôt le matin, vers 4 h 30, et effectuait toutes ses tâches ménagères. Après le déjeuner, elle se détendait et faisait une sieste.

À cause de la voisine et de ses enfants, elle n'arrivait pas à se reposer tranquillement. Elle en avait informé sa voisine à plusieurs reprises, mais en vain.

« Elle ne peut pas confier la clé supplémentaire de la maison à ses enfants ? Ils sont suffisamment autonomes. Ou pourquoi n'est-elle pas à la maison lorsque ses enfants reviennent de l'école ? Ils perturbent mon sommeil tous les jours ». C'est ce que ma mère se répétait fréquemment. Bien sûr, elle réagissait ainsi parce qu'elle s'était contentée de réagir passivement au comportement de notre voisine. Elle ne voulait pas se plaindre, mais lorsqu'elle leur avait demandé de ne pas la déranger, ça n'avait pas fonctionné.

Alors, devait-elle accepter leur comportement ? Ou bien devait-elle crier et les obliger à respecter sa volonté ?

Aucune de ces options ne semblait être la bonne ! La passivité et l'acceptation du comportement transgressif la rendaient furieuse. C'est simplement qu'elle ne l'exprimait pas. Mais, elle ne pouvait pas se retenir longtemps. D'autant plus que crier ne servait à rien. Cela n'aurait que détérioré la relation.

Cette situation vous semble-t-elle familière ? Vous est-il déjà arrivé d'être confronté à une situation similaire ? Comment réagiriez-vous ? Comment devriez-vous vous comporter avec des gens qui ne vous prennent pas au sérieux ?

Suivez ces 5 étapes :

Étape 1 : Définissez vos Limites

Fixez vos limites et respectez-les. Quels sont les comportements que vous êtes prêt à accepter et quels sont ceux que vous n'acceptez pas ? Il ne s'agit pas d'être inflexible, mais de définir une limite et de la respecter.

Étape 2 : Pardonner ne Signifie Pas s'Abstenir d'Agir

La plupart d'entre nous sont de nature à pardonner. C'est ce qu'on nous a appris. Le pardon est une qualité de courage et favorise le changement. Mais si vous pardonnez continuellement à une personne pour son mauvais comportement, la situation s'aggravera. Bien entendu, cette attitude n'est pas favorable. Le fait de pardonner et de tolérer constamment un comportement répréhensible ne *constitue* plus un «comportement répréhensible» aux yeux de la personne qui le commet.

La recherche démontre que les personnes qui insultent leur conjoint, lancent des objets ou font preuve d'une quelconque forme de violence deviennent plus agressives si leur partenaire leur pardonne à plusieurs reprises.

Si le pardon peut inciter les individus à changer, il doit s'accompagner d'une action appropriée. Par cela, je sous-entends qu'il n'est pas question d'agir de manière agressive, mais de fixer une limite à votre tolérance.

Comment fixer une limite à leur mauvais comportement ?

Étape 3 : Pratiquez la Technique APEE

L'assertivité nécessite une stratégie, que ce soit avec votre collègue, un partenaire irrespectueux ou un voisin grincheux. L'assertivité est une communication calme et claire, et non un assaut verbal.

Il arrive en effet que, lorsque nous sommes contrariés par le comportement de quelqu'un, nous nous mettions à crier ou à hurler, alors que la personne concernée ne connaît pas forcément la raison de notre mauvaise humeur. Ne vous attendez pas à ce que les gens lisent dans vos pensées et *sachent* que vous êtes contrarié. Faites-leur part de votre mauvaise humeur et de ses raisons.

Suivez la technique «APEE», qui signifie :

Avertissez la personne que vous souhaitez lui parler. Par exemple : «Je voudrais te parler de la façon dont tu te comportes devant mes amis». N'accusez personne et n'utilisez pas de langage émotionnel pour exprimer votre point de vue.

Présentez votre problème. Quel est le motif du problème et pourquoi : «Je n'aime pas quand tu me réponds en criant. Je me sens insulté et je pense que ça te ridiculise devant mes amis».

Exposez les avantages d'un meilleur comportement. Vous pourriez dire : «À l'avenir, si tu n'es pas d'accord avec moi, il vaudrait mieux qu'on ait une conversation en privé. Ainsi, nous pourrons nous montrer plus matures et résoudre notre conflit».

Engagez-vous à vous comporter différemment à l'avenir. «Nous pouvons nous mettre d'accord qu'à partir de maintenant, tu ne me dénigreras plus. Si tu souhaites me parler, tu le feras en privé dans notre appartement».

À l'avenir, s'il réitère son mauvais comportement, rappelez-lui ce que vous aviez convenu.

Remarquez la clarté de ce type de communication. Vous n'avez ni accepté passivement le mauvais comportement, ni perdu votre sang-froid, ni lancé des insultes.

Ce type de communication assertive est une méthode efficace pour corriger le mauvais comportement d'une personne. Même s'il ne changera peut-être pas d'avis (du moins pas immédiatement), vous lui avez donné l'occasion de se comporter de manière plus positive et vous lui avez ouvertement fait part de vos limites.

Étape 4 : Demeurez Calme

Ce point est très important. Lorsque les gens transgressent vos limites, il est normal que vous perdiez votre sang-froid. Mais vous pouvez gérer la situation en faisant preuve de présence d'esprit. Pour cela, il faut garder votre *calme*. Dès que vous commencez à critiquer, à crier ou à sangloter, vous invitez l'autre partie à se défendre. Dans une telle situation, l'important est de conserver son calme et réfléchir à ce que vous allez dire.

Étape 5 : Soyez Honnête

Nous avons tous reçu un cadeau pitoyable de la part d'un parent ou d'un ami, et même si nous ne l'avons pas vraiment aimé, nous avons laissé prétendre qu'il était génial. Car, en faisant preuve d'honnêteté, nous croyons que cela risquerait de blesser la personne concernée. Mais, avec l'honnêteté, vous gagnerez en respect pour vous-même et pour votre entourage. Enfin, vous aiderez l'autre personne à examiner sérieusement son comportement et à l'évaluer. Les gens ne seront pas forcés de vivre dans l'illusion que leur comportement est acceptable alors qu'il ne l'est pas.

Parfois, vous devez utiliser un langage clair, concis et direct.

Et Vous, Qu'en Pensez-Vous ?

1. Avez-vous défini vos limites au travail et dans vos relations ? Si ce n'est pas le cas, qu'est-ce qui vous empêche de les fixer ?

2. Quelles sont les situations dans lesquelles vous avez l'impression que les gens ne respectent pas vos limites ?

3. Comment vous comportez-vous face aux personnes qui agissent de la sorte ? Leur pardonnez-vous et les laissez-vous dépasser à nouveau vos limites, ou prenez-vous des mesures concrètes ?

Résumé du Chapitre

- Vous pouvez établir des limites pour votre espace personnel, vos biens, votre vie sexuelle, vos pensées et vos sentiments, votre temps et votre énergie, votre culture, votre religion et votre éthique.

- Fixer de saines limites et respecter celles d'autrui améliorent votre estime personnelle, préservent votre énergie émotionnelle, vous donnent un espace pour évoluer et vous permettent de nouer de bonnes relations.

- Cependant, vos limites ne seront pas efficaces si vous les établissez sous le coup de la colère, si vous les rendez trop rigides, si vous vous montrez critique à l'égard des gens ou si vous ne prévoyez pas de conséquence en cas de non-respect de ces limites.

- Transmettez et affirmez vos limites à l'aide de la technique APEE.

Dans le chapitre suivant, vous apprendrez :

- Pourquoi est-il difficile d'exprimer ses sentiments ?

- Des conseils pour les exprimer

- Des techniques pour vous exprimer

- Une formule de communication assertive

CHAPITRE SEPT
S'Exprimer avec Assertivité

L'expression de ce que vous ressentez et de la manière dont vous le ressentez est la deuxième catégorie de comportement assertif. Cependant, la capacité à exprimer ouvertement ses sentiments n'est pas naturelle pour tous. Les hommes ont généralement plus de difficulté à exprimer leurs émotions, mais la plupart des gens ont, à un moment ou à un autre de leur vie, du mal à exprimer ce qu'ils ressentent.

La Difficulté à Exprimer ses Sentiments

Lorsque vous découvrez les raisons pour lesquelles vous avez du mal à exprimer vos sentiments, vous êtes à même de changer ce comportement. Vous pouvez apprendre à exprimer vos sentiments aussi facilement que vous pouvez réparer un robinet ou un bouton de chemise.

Voici les neuf raisons les plus courantes pour lesquelles les gens ont du mal à exprimer leurs émotions :

Vous ne Savez Pas Exactement ce Que Vous Ressentez

On peut ressentir de la tristesse, du rejet, un manque de respect, de la souffrance ou de la honte, mais il vaut mieux être précis. En effet, la capacité à savoir exactement ce que vous ressentez vous aide à vous connecter avec vous-même, avec les valeurs qui sont les vôtres et celles que vous souhaitez appliquer dans votre vie. Vous augmentez également vos chances d'être mieux compris par votre entourage.

La Peur du Conflit

Nous craignons les sentiments de colère ou les conflits. Vous pensez que les gens qui entretiennent de bonnes relations ne devraient pas s'engager dans des «combats» verbaux ou des disputes animées. De plus, vous craignez que révéler vos pensées et vos sentiments à vos proches n'entraîne une réaction de rejet de leur part.

C'est ce que l'on appelle parfois le «phénomène de l'autruche», qui consiste à se cacher la tête dans le sable au lieu de s'attaquer aux problèmes relationnels.

Le Perfectionnisme Émotionnel

Certaines personnes estiment qu'elles ne devraient pas ressentir de sentiments tels que la colère, la jalousie, la dépression ou l'anxiété. Elles pensent qu'elles devraient toujours être rationnelles et maîtriser leurs émotions. En exprimant ces émotions, elles se présentent comme étant faibles et vulnérables. Vous craignez que les gens vous critiquent ou vous rejettent s'ils savent ce que vous ressentez vraiment.

La Peur de la Désapprobation et du Rejet

Les gens sont tellement terrifiés à l'idée d'être rejetés et de se retrouver seuls qu'ils préfèrent ravaler leurs sentiments et tolérer quelques abus plutôt que de les exprimer. Elles éprouvent un besoin excessif de plaire et de répondre à la volonté d'autrui. Ces individus redoutent que leur entourage rejette l'expression de leurs pensées et de leurs sentiments.

Le Comportement Passif-Agressif

Ce comportement vous amène à bouder et à garder vos sentiments de douleur ou de colère à l'intérieur de vous au lieu de les exprimer. Vous imposez un traitement de silence à votre entourage, ce qui est inapproprié et constitue une stratégie courante pour susciter un sentiment de culpabilité de leur part.

Le Désespoir

Lorsque vous êtes convaincu que votre relation ne peut pas s'améliorer quoique vous fassiez, vous cessez de vous exprimer. Vous avez l'impression d'avoir déjà tout essayé, et rien ne fonctionne. Vous reprochez à votre partenaire (ou conjoint) d'être trop têtu et insensible pour changer.

Ces croyances forment une prophétie qui se réalise d'elle-même : une fois que vous avez abandonné, un contexte de désespoir soutient le résultat que vous aviez prévu.

La Faible Estime de Soi

Le manque d'estime de soi donne l'impression aux gens qu'ils n'ont pas la possibilité d'exprimer leurs sentiments ou de demander ce qu'ils veulent. Dans ce cas, ces individus essaient de faire plaisir et de répondre aux attentes d'autrui.

La Spontanéité

Lorsque vous êtes contrarié, vous vous autorisez à dire ce que vous pensez et ce que vous ressentez. Si tel est votre avis, vous n'exprimez vos sentiments qu'à ce moment-là, et à aucun autre moment. Toutefois, lors d'une discussion calme et structurée ou partiellement structurée, si vous exprimez vos sentiments, vous ne devez pas donner l'impression de «simuler» ou de tenter de manipuler indûment votre entourage.

Lire dans les Pensées

Vous vous attendez à ce que votre entourage sache ce que vous ressentez et ce dont vous avez besoin (même si vous ne l'avez pas encore manifesté). Cette attente vous sert d'excuse pour vous engager dans la non-divulgation et, par la suite, éprouver du ressentiment du fait que les gens ne semblent pas se préoccuper de vos besoins.

Le Martyre

Vous craignez d'admettre que vous êtes en colère, blessé ou rancunier parce que vous ne voulez pas accorder à qui que ce soit la satisfaction de réaliser que leur comportement vous affecte. Vous êtes satisfait de contrôler vos émotions et de ne pas ressentir de douleur ou de ressentiment, ce qui ne favorise pas une communication transparente et fonctionnelle.

Quelques Conseils pour Faciliter votre Communication

Une fois que vous avez compris pourquoi vous avez du mal à vous exprimer, vous pouvez vous efforcer d'être plus efficace et plus confiant. Voici quelques conseils qui vous aideront à exprimer vos sentiments avec plus d'aisance :

1) Soyez Clair sur votre Volonté de Partager vos Sentiments

Interrogez-vous sur les raisons qui vous poussent à partager vos sentiments. Espérez-vous que l'autre personne change ? Exprimez-vous vos sentiments pour vous défouler ? Souhaitez-vous obtenir des conseils ? Ou bien partagez-vous vos sentiments pour vous livrer à une introspection ?

Soyez conscient quant à vos raisons et à vos attentes, que vous communiquiez vos sentiments avec un thérapeute, un ami ou un être cher.

2) Sachez Reconnaître l'Intimité du Partage des Sentiments

Avant d'entamer la conversation sur vos sentiments, il est important de souligner le caractère personnel de ce partage. Votre historique de confiance en vous-même et dans les relations que vous entretenez avec votre entourage influe sur votre ouverture d'esprit à l'égard de vos sentiments.

3) Adoptez une Attitude Prudente

Si vous ne vous sentez pas à l'aise pour parler de vos sentiments, ne vous lancez pas tête baissée. Tentez d'abord l'expérience en partageant ce qui vous rend le moins mal à l'aise.

4) Commencez avec des Gens de Confiance

Exprimez d'abord vos sentiments avec les personnes en qui vous avez le plus confiance : un meilleur ami, un frère ou une sœur, ou un parent.

5) Soyez Attentif à ce Que Vous Ressentez

Prenez conscience de l'expérience que vous vivez en partageant vos sentiments afin d'améliorer votre prochaine discussion. Quelle partie de la discussion vous a paru la plus facile ? Cela vous incite-t-il à partager vos sentiments à nouveau ? Si ce n'est pas le cas, que vous faut-il pour vous sentir à l'aise lorsque vous partagez vos sentiments ?

6) Gardez à l'Esprit les Effets Néfastes des Sentiments Refoulés

Enfin, rappelez-vous qu'il ne sert à rien de garder vos sentiments à l'intérieur de vous. En supprimant, en minimisant ou en niant vos sentiments, vous êtes moins conscient pour les reconnaître auprès de votre entourage. En revanche, le fait de les admettre accroît votre empathie. Reconnaître et admettre votre douleur est une forme de compassion. Cette prise de conscience renforce votre capacité d'empathie envers ceux qui vous entourent.

Techniques de Communication

On associe souvent l'assertivité expressive à la défense de nos droits lorsque l'on a l'impression que quelqu'un a abusé de nous de manière négative. Cependant, l'assertivité peut également vous aider à progresser de manière positive vers vos objectifs.

L'assertivité vous permet de :

- Prendre la parole au cours des réunions lorsque vous le souhaitez

- Dire « non » lorsque vous ne voulez pas faire certaines choses

- Exprimer des objectifs positifs et demander les ressources nécessaires pour les réaliser

Obtiendrez-vous ce que vous voulez en communiquant de manière assertive ? Rien n'est garanti, mais vous aurez la satisfaction de vous exprimer de façon positive et de répondre à vos besoins. Vous vous sentirez plus en confiance et plus à l'aise dans vos échanges. Ainsi, cela augmentera la probabilité d'obtenir ce dont vous avez besoin ou ce que vous voulez si vous pouvez vous exprimer avec exactitude.

Techniques d'Expression Assertive :

Prévoyez ce que vous Allez Exprimer. Visualisez la Scène et Soyez Optimiste.

Utilisez des phrases en « je » pour vous exprimer. Ces phrases vous permettront de vous concentrer sur vos pensées, vos sentiments et vos besoins, tout en reconnaissant ceux de vos pairs. Dans les affirmations en « je », l'accent est mis sur la partie « je ressens », « je veux » ou « je pense » de l'affirmation. En identifiant vos pensées, vos sentiments et vos désirs liés à une situation, vous évitez de critiquer vos interlocuteurs ou de vous laisser emporter par l'émotion du moment. Évitez les mots qui affaiblissent la puissance de vos messages, tels que « *pourrait* », « *désolé* », « *pas habituellement* », « *peut-être* », « *sans doute* », « *suppose* », « *possible* », « *euh…* » ou « *hum…* ».

Par exemple : « Lorsque tu lèves la voix en t'adressant à moi, je me sens contrarié et rabaissé, ce qui affecte négativement ma façon de travailler. J'aimerais que tu me parles sur un ton calme, pour que je puisse accomplir mon travail avec efficacité. »

N'en Démordez Pas, Comme s'il s'Agissait d'un Disque Rayé

Répétez votre message plusieurs fois afin que votre requête soit jugée importante. N'abandonnez pas si votre demande a été rejetée dans un premier temps.

Par exemple, après avoir demandé la révision de votre dossier et n'avoir reçu aucune réponse : « Je comprends que vous soyez très occupé par… Je vous remercie d'apporter votre contribution à mon dossier de projet afin que je puisse aller de l'avant et terminer ma mission. »

Faites Preuve d'Empathie et Reconnaissez les Sentiments d'Autrui

Par exemple : «Je suis conscient que vous souhaitez que le travail soit livré demain, mais je ne peux vraiment pas, car j'ai d'autres affaires importantes à régler. »

Précisez les Conséquences de l'Absence de Changement de Comportement

Par exemple : « Si vous ne me laissez pas suffisamment de temps pour rédiger le contenu, il sera moins performant que prévu et je devrai le réécrire. Je préférerais éviter ce genre de situation. »

Répondez aux Critiques Sans Adopter une Attitude Défensive

Lorsqu'une personne vous critique, elle s'attend à ce que vous ne soyez pas d'accord, que vous résistiez à ce qu'elle affirme, et à ce que vous réagissiez de manière défensive. Cependant, vous pouvez relativiser les commentaires critiques tout en respectant votre perspective. Vous pouvez être d'accord avec une partie de ce qui a été affirmé sans adopter une attitude défensive.

Par exemple, si on vous reproche : «C'était un mauvais travail», vous pouvez être d'accord avec une partie de ce qui a été déclaré et éviter de vous retrouver sur la défensive. Si quelqu'un vous déclare : «La présentation que vous avez faite lors de la réunion n'était pas très convaincante». Vous pourriez répondre en disant : « Effectivement, je vois que certains points pourraient être améliorés. »

Si vous êtes d'accord avec certains aspects de la critique, vous pouvez y répondre en vous efforçant de comprendre ce qui motive la critique.

En reprenant l'exemple précédent, vous pourriez demander ce qui pourrait être amélioré et dire : « En effet, j'aurais pu être plus performant. Qu'est-ce qui pourrait être amélioré à votre avis ? »

Reconnaissez vos Faiblesses ou vos Erreurs

C'est ce qu'on appelle « l'assertivité négative ». Nous avons tous des points à améliorer. Cependant, nous pouvons reconnaître nos erreurs et nos faiblesses sans pour autant nous dévaloriser.

Formule de Communication Assertive : Transmettre un Message Clair

On croit souvent que la confiance en soi et l'assertivité ont la même signification. Or, elles sont différentes à bien des égards.

L'assertivité consiste à se comporter avec confiance et à ne pas hésiter à exprimer ses désirs et ses convictions. La confiance est définie comme le fait d'être sûr de soi et de ses capacités.

La principale différence entre les deux est la communication. Il est possible de vous affirmer lorsqu'il y a quelqu'un ou quelque chose qui motive votre expression, alors que la confiance peut exister intérieurement et de manière isolée.

L'assertivité ne peut exister sans une confiance sous-jacente et ne peut se manifester que dans une situation où il y a de la communication. L'assertivité peut se refléter par un langage corporel, un ton de voix et des expressions fermes. La confiance, en revanche, n'a besoin de rien pour exister. En d'autres termes, vous pouvez avoir confiance en vous sans vous affirmer, mais vous ne pouvez pas vous affirmer sans avoir confiance en vous.

Par conséquent, prendre la parole et s'exprimer peut s'avérer un exercice difficile, voire insurmontable, si vous êtes timide, si vous manquez de confiance ou si vous êtes issu d'une culture où il n'est pas approprié de s'exprimer. Vous risquez également de vous sentir mal à l'aise et de manquer de naturel si vous avez tendance à exprimer vos frustrations et votre mécontentement de manière indirecte ou passive.

Rappelez-vous cependant que si les craintes liées à la prise de parole sont éprouvantes, il n'est pas impossible de les surmonter. Le recours à une «formule de communication assertive» peut s'avérer utile.

Celle-ci peut s'appliquer à n'importe quelle situation, à la maison ou sur votre lieu de travail. Découvrons les trois parties de la formule de communication assertive.

Débutez par une Déclaration Courte, Simple et Objective sur le Comportement de l'Autre Personne. Par exemple : «Lorsque vous m'interrompez pendant mon travail…» Votre objectif est d'attirer leur attention sans provoquer de réactions défensives. Cette déclaration doit être courte, précise et non émotionnelle, afin que l'autre personne entende votre message et ne soit pas immédiatement en désaccord ou ne se désengage pas.

Décrivez les Effets Négatifs de leur Comportement. Expliquez pourquoi il vous pose un problème. Par exemple, si la première partie de la formule est «Lorsque vous m'interrompez pendant mon travail», vous pouvez ajouter «Je manque de fluidité dans mes idées». Le but est de construire une logique de cause à effet. Reliez une déclaration objective de leur comportement à l'impact que ce comportement exerce sur vous.

Terminez par une Déclaration de Sentiments. À ce stade, vous devez indiquer en quoi leur comportement offensant a affecté négativement vos actions, mais a également blessé vos sentiments. Voici un exemple de déclaration de sentiments : « Je me sens anxieux » ou « Je me sens distrait ».

Si vous réunissez tous ces éléments, vous obtiendrez un résultat semblable à celui-ci : « Lorsque vous m'interrompez continuellement pendant mon travail, je manque de fluidité dans mes idées et je me sens anxieux. »

Bien sûr, malgré cette formule, il n'est pas toujours facile de s'affirmer. Il est tout à fait possible que le destinataire de votre message réagisse négativement, et vous devrez répondre à toute réaction par une présence calme, stable et confiante.

Vous pouvez accumuler autant de preuves que possible pour étayer votre déclaration sur le comportement offensant de l'autre personne. Par exemple, vous pourriez noter les cas où vous vous êtes senti blessé, déconsidéré ou offensé par les actions de cette personne. N'utilisez pas ces informations pour l'importuner. Utilisez-les uniquement comme matériel de secours si votre interlocuteur vous contredit et a besoin de preuves. Celles-ci augmenteront la probabilité que votre message soit écouté et qu'il ait l'effet escompté.

Il convient de se rappeler qu'il n'existe pas de version unique de ce message. Vous devez l'adapter à votre propre style pour que celui-ci soit le plus authentique possible.

Pour nombre d'entre nous, il est vraiment difficile de s'exprimer et les résultats sont loin d'être garantis. L'interlocuteur peut réagir immédiatement de manière positive, ou prendre un certain recul pour réagir de manière positive et productive, ou encore ne pas réagir du tout. Cependant, en ce qui vous concerne, le fait de trouver le courage d'exprimer vos opinions et vos frustrations est déjà une grande victoire.

Devoirs à Faire

Répondez aux questions suivantes avant d'aborder le chapitre suivant.

1. Qu'est-ce qui vous empêche d'exprimer vos sentiments ?

2. Si vous avez déjà exprimé vos sentiments, quelle a été la réaction de vos interlocuteurs ?

3. Quelle est la probabilité que vous exprimiez vos sentiments à la même personne (ou à d'autres) à l'avenir ?

Résumé du Chapitre

- Les gens éprouvent des difficultés à exprimer leurs émotions parce qu'ils ne parviennent pas à comprendre exactement ce qu'ils ressentent. De plus, la peur du conflit, la désapprobation et le rejet, ou le perfectionnisme émotionnel, le comportement passif-agressif ou une faible estime de soi les empêchent également de s'exprimer.

- Après avoir déterminé clairement les sentiments à partager, commencez par les sujets qui vous provoquent le moins d'inconfort. Partagez avec les personnes en qui vous avez confiance : un meilleur ami, un frère ou une sœur, ou un parent.

- Pour vous exprimer avec assertivité, planifiez d'abord ce que vous allez dire. Commencez par une courte déclaration objective sur le comportement indésirable, décrivez comment il vous affecte et, finalement, ce que vous ressentez. Rappelez-vous de demeurer calme et de faire preuve d'empathie tout au long de la discussion.

Dans le chapitre suivant, vous découvrirez :

- Comment demander ce que vous voulez

- L'ERCO/la formule de demande assertive

- Comment solliciter une augmentation de salaire

- Des conseils pour poser des questions avec assertivité

CHAPITRE HUIT
Demandez et Recevez Ce Que Vous Voulez

Demandez ce que Vous Voulez

Nous sommes nombreux à éprouver des difficultés considérables à demander certaines choses, en particulier au travail, même si la requête est tout à fait justifiée. Vous vous demandez peut-être ce que vos collègues vont penser. Allez-vous paraître exigeant ? Présomptueux ? Votre demande va-t-elle les irriter ? La liste est interminable !

Si vous avez du mal à demander quelque chose, voici sept conseils pour obtenir ce que vous voulez :

Libérez-Vous de la Culpabilité

Lorsque vous faites une demande, oubliez votre sentiment de culpabilité. Celle-ci touche généralement les personnes qui font plaisir aux gens et qui n'aiment pas causer de désagréments à qui que ce soit. Souvenez-vous que demander quelque chose n'est pas de l'avidité. Ce n'est pas un tort, c'est plutôt une façon saine de se protéger.

Commencez Modestement

Débutez par de modestes demandes, comme celle d'une table différente au restaurant. Vous vous habituerez à ce que vous ressentez lorsque vous formulez une demande simple et mineure. Vous réaliserez également que vous ne risquez rien si vous exprimez vos besoins.

Ne Supposez Pas Que votre Entourage Devine les Pensées et les Intentions

Nous croyons souvent que notre conjoint, notre patron, nos collègues de travail ou même nos amis peuvent lire dans nos pensées. Ainsi, lorsqu'ils n'agissent pas comme nous le souhaitons, nous nous sentons blessés et contrariés. Pour qu'une relation s'épanouisse, les deux parties doivent prendre la responsabilité de communiquer leurs besoins avec clarté.

Soyez Sensible à la Personne à qui vous Posez une Question

La psychologue Susan Krauss Whitbourne a écrit que nous devons «être conscients de la personne à qui nous demandons quelque chose et de ses besoins, au lieu de nous concentrer uniquement sur ce que nous voulons obtenir d'une situation». En vous mettant à la place de l'autre personne, vous serez en mesure de formuler votre demande d'une manière qui sera également bénéfique pour celle-ci, ce qui augmentera les chances d'obtenir une réponse positive.

Cependant, si vous repoussez votre demande parce que le moment ne semble jamais opportun, c'est peut-être votre propre sentiment d'inadéquation ou d'insécurité qui vous empêche de vous manifester.

Soyez Honnête

La franchise est toujours la meilleure des politiques. Exprimez honnêtement ce dont vous avez besoin et pourquoi vous en avez besoin, et rassurez l'autre personne que les règles ne changeront pas par la suite.

Demandez et vous Recevrez... Mais vous Devez le Demander

On dit que « si l'on veut quelque chose, il faut le demander et prendre le risque de ne pas l'obtenir, sinon les chances de ne pas y arriver sont assurément de cent pour cent ». Imaginez tout ce que vous risquez de ne pas obtenir dans la vie si vous ne vous donnez pas la peine de le demander, qu'il s'agisse d'un emploi, d'une augmentation de salaire ou tout simplement d'un autographe.

Imaginez le Pire Résultat Possible

Lorsque vous craignez de demander quelque chose, prenez une grande respiration et imaginez le pire résultat possible. En général, il s'agira d'un simple « non » de la part de l'autre partie, ce qui n'est pas vraiment une menace pour votre vie. J'ai appliqué cette tactique lorsque j'ai demandé une augmentation de salaire et elle m'a été très utile. Dans le pire des cas, mes recruteurs me répondraient poliment par la négative, mais je conserverais un emploi dans lequel je serais très heureux. Il peut être incroyablement frustrant d'avoir du mal à exprimer ce que l'on veut, mais la bonne nouvelle, c'est que vous pouvez améliorer cette compétence et la perfectionner avec le temps.

Formule de Demande Assertive

Si vous souhaitez exprimer une demande assertive à quelqu'un afin de modifier son comportement ou d'obtenir ce que vous voulez, il existe une formule simple, appelée «ERCO». Elle correspond à l'empathie, le respect, la confiance en soi et les objectifs.

Pour appliquer la formule, il est préférable d'avoir une idée précise de vos objectifs. Vous devez déterminer le comportement que vous attendez de l'autre partie, l'action à entreprendre, leur réaction éventuelle et la manière dont vous allez y répondre. Si possible, faites une demande assertive quant au lieu et au moment qui vous conviennent.

Formule ERCO

Établissez l'Empathie et le Respect et Exprimez des Sentiments Positifs

Avant de formuler la demande, tentez de comprendre les sentiments de l'autre partie et faites-lui savoir que vous les comprenez.

Par exemple, «Je sais que vous ne pourrez pas engager un autre rédacteur indépendant pour cette mission dans un court délai, mais j'espère que vous comprendrez que je suis actuellement surchargé de travail».

Montrez votre respect et votre intérêt pour la personne, et reconnaissez les aspects de son comportement qui sont susceptibles de rendre vos conversations positives et de les éloigner du terrain des reproches.

Par exemple, «Je vous remercie de votre soutien pour assurer le paiement de toutes mes missions dans les délais impartis».

Exposez le Problème et les Sentiments Négatifs

Exprimez-vous de manière à les convaincre de résoudre votre problème et de ne pas se retourner contre vous. Demandez-leur de vous aider, mais ne leur imputez pas vos sentiments négatifs. Si vous êtes contrarié par leur comportement, rappelez-vous que ce sont vos propres sentiments, et votre propre réactivité que vous pouvez contrôler. Cela dit, vous pouvez néanmoins exprimer votre problème, vos sentiments négatifs et demander leur aide.

Par exemple : «Lorsque vous me reprochez continuellement mes erreurs antérieures, je me sens blessé et je me défends au lieu de m'attaquer au véritable problème».

Énoncez l'Objectif et Réclamez un Nouveau Comportement

Dans certains cas, il ne suffit pas d'exprimer le problème. Vous devrez sans doute discuter du problème, ainsi que de l'objectif que vous souhaitez réaliser.

Précisez le type de comportement que vous souhaitez obtenir et l'effet qu'il aura sur vous. Mais laissez l'autre partie choisir son nouveau comportement dans la mesure du possible. Lorsque la situation est entre leurs mains, ils sont plus susceptibles d'aider et de suggérer des solutions au problème. L'autre partie pourrait même proposer une meilleure solution à laquelle vous n'auriez pas songé. Cette approche lui permettra d'être sensible à votre problème et de vous aider à le résoudre plutôt que de se placer sur la défensive.

Par exemple : «Plutôt que de me reprocher mes erreurs antérieures, vous pourriez m'expliquer ce que j'ai fait et de quelle façon je pourrais m'améliorer. Je me sentirais moins sur la défensive et j'accepterais davantage vos suggestions ».

Suivi Après la Requête

Si la personne évite votre requête, vous attaque, se montre manipulatrice, vous culpabilise, vous met en colère, trouve des excuses ou refuse tout simplement d'y répondre, utilisez d'autres techniques d'assertivité telles que le disque rayé, le désamorçage de la colère ou la rédaction d'un contrat.

En élaborant un contrat, notez les points d'accord (et éventuellement les points de désaccord). Ce contrat doit être écrit et signé par les deux parties.

Tout en suivant les étapes ci-dessus de la formule ERCO, assurez-vous d'utiliser un style de communication assertive. Abstenez-vous de toute attitude défensive à l'égard de l'autre partie ou de vous-même. Tâchez de demeurer calme, rationnel et serviable dans la mesure du possible.

- Employez des mots tels que « continuez à faire ce que vous faites » ou « je ne l'ai pas fait comme je le voulais » ou « vous avez attendu que je prenne la décision » ou « donnez-moi une rétroaction négative ».

- Évitez d'utiliser des mots associés au jugement tel que piètre travail, dépendant, indigne, ou des grossièretés.

- Prêtez attention aux réponses non verbales, comme un contact visuel.

- Utilisez des affirmations de type « je ».

- Soyez direct.

- Réduisez les mots d'hésitation.

- Ne vous éloignez pas du sujet.

- Adoptez une attitude compréhensive et bienveillante, tout en faisant preuve de fermeté.

Les étapes de la formule ci-dessus peuvent être résumées en une phrase comme :

Je comprends/j'aime............... ; cependant, lorsque vous................., je me sens........... Je vous serais reconnaissant de bien vouloir.................

Solliciter une Augmentation

En plus de réclamer un comportement différent, la demande d'une augmentation de salaire est un autre défi à relever. En effet, vous reconnaissez avoir ajouté une valeur considérable à votre entreprise ou à votre organisation, et vous estimez légitime d'obtenir une augmentation de salaire.

Alors, comment demander une augmentation de salaire en toute confiance et de façon qu'elle ait de bonnes chances de se concrétiser ?

Analysez votre Valeur Auprès de votre Employeur

Dans un premier temps, renseignez-vous sur votre entreprise et évaluez la valeur que vous y apportez. Considérez les bénéfices que vous avez réalisés ou même les pertes que vous avez subies. Examinez votre département et calculez votre productivité actuelle par rapport à celle d'un prédécesseur, si possible. Par exemple, si vous travaillez au service client, avez-vous été en mesure d'accroître la satisfaction de la clientèle ?

Comparez votre Valeur à Celle de vos Concurrents

Effectuez des recherches en ligne pour déterminer votre valeur sur le marché ou ce que vous pourriez valoir par rapport à la concurrence. Si vous ne percevez pas ce que vous gagneriez dans des entreprises ou organisations comparables, vous aurez un avantage pour négocier une augmentation.

Prenez Rendez-Vous avec votre Employeur

Fixez une date et une heure pour discuter de votre augmentation avec votre supérieur. Ne lui annoncez pas que vous allez lui demander une augmentation. Dites plutôt que vous avez un point important à aborder et que vous aimeriez convenir d'un rendez-vous pour en discuter.

Avant l'entretien, notez les raisons concrètes pour lesquelles vous méritez une augmentation et répétez-les afin de vous montrer confiant et convaincant. Lors de la réunion, énoncez d'abord les faits que vous avez examinés avant de solliciter une augmentation.

Si votre employeur répond à des appels pendant la réunion ou s'il a tendance à vous presser, demandez que la réunion soit reportée à un moment où vous pourrez tirer profit de son attention ininterrompue.

Ne Suppliez Pas, n'Exigez Rien et ne Menacez Pas de Démissionner

Ne priez pas votre employeur de vous accorder une augmentation de salaire et ne le menacez pas de démissionner. Cela pourrait se retourner contre vous, car votre employeur pourrait éprouver des sentiments négatifs à votre égard.

Précisez ce Que vous Voulez

Spécifiez le montant que vous aimeriez recevoir. Soyez raisonnable, sans toutefois être conservateur. Ensuite, augmentez ce montant d'au moins cinquante pour cent afin de disposer d'une certaine marge de négociation.

Négociez votre Augmentation

Si votre employeur consent à une augmentation, mais propose un montant inférieur à celui que vous avez demandé, faites une contre-offre en proposant un montant supérieur à la moyenne. Continuez à négocier jusqu'à ce que votre employeur et vous soyez tous deux d'accord sur un montant approprié.

Que Faire Si votre Employeur Refuse ?

Votre employeur peut tout simplement rejeter votre proposition d'augmentation. L'une de ses réactions sera probablement de se plaindre de tous les problèmes que rencontre l'entreprise ou l'orga-nisation, et du fait qu'il n'est pas possible de gagner un centime de plus pour ces raisons.

Vous pourriez reconnaître les problèmes de l'entreprise, mais vous pourriez également reconnaître vos responsabilités financières per-sonnelles. Vous pouvez lui répondre qu'il n'est pas équitable de vous pénaliser pour les problèmes de l'entreprise, que vous lui offrez le meilleur de vous-même et que vous vous attendez à être rémunéré de manière appropriée.

Votre employeur pourrait utiliser les politiques de l'entreprise pour vous empêcher d'obtenir une augmentation de salaire. Collaborez avec lui pour trouver des moyens de contourner la politique ou examinez les raisons pour lesquelles vous devriez être une exception à la règle.

N'acceptez Pas une Augmentation Symbolique

Au lieu d'une augmentation de salaire, votre employeur pourrait vous proposer une augmentation symbolique ou des avantages tels que l'utilisation de la voiture de fonction ou un bureau avec fenêtres. Ne les acceptez pas. Vous risquez de vous retrouver dans une situation où vous accepteriez n'importe quoi plutôt que l'augmentation de salaire que vous réclamez. Dites plutôt à votre employeur que c'est insuffisant et réaffirmez le montant que vous souhaitez obtenir.

Obtenez une Promotion

L'un des meilleurs moyens d'obtenir une augmentation est d'obtenir une promotion. Vous pouvez y parvenir de trois manières différentes.

Premièrement, vous pouvez passer à l'échelon supérieur de l'organisation. Deuxièmement, vous pouvez accepter davantage de responsabilités. Pour ce faire, vous devrez peut-être éliminer des fonctions inférieures. Enfin, vous pouvez créer un nouveau poste avec un nouveau titre.

Si vous considérez que la troisième option est celle qui vous convient le mieux, rédigez une description de poste avant de vous rendre à la réunion. Détaillez les lacunes et proposez un plan pour résoudre le problème. Précisez ce que votre travail impliquerait, les délais d'exécution des tâches, les coûts et les bénéfices que vous estimez pouvoir réaliser. Discutez avec votre supérieur pour obtenir son appui, puis remontez la chaîne de commandement pour faire approuver votre plan.

N'acceptez Pas de Promotion Sans Titre ni Augmentation

Si votre employeur vous propose une promotion sans nouveau titre ni augmentation, refusez-la immédiatement. En effet, on attendra probablement de vous que vous acceptiez des responsabilités supplémentaires en plus du travail que vous accomplissez déjà. Et cette situation n'est pas acceptable.

Expliquez à votre employeur qu'une promotion sans augmentation n'en est pas une. Si l'on vous propose un nouveau poste, assurez-vous qu'il s'accompagne de responsabilités que vous acceptez et d'une augmentation correspondant à votre nouveau titre.

Quelques Éléments à Retenir Lorsque vous Sollicitez une Augmentation de Salaire :

- Choisissez le bon moment pour formuler votre demande

- Faites votre demande après un succès important

- Ne posez pas d'ultimatums

- Évitez de communiquer trop d'informations personnelles

Posez des Questions avec Assertivité

Lorsque vous cherchez à obtenir des informations de vos clients, de vos amis ou de votre famille, la longueur de la question et son format déterminent son quotient d'assertivité.

Les questions plus longues, posées avec intention ou contexte, peuvent amener le client potentiel à se sentir contraint de répondre d'une certaine manière. En revanche, le fait d'aller droit au but donne l'impression d'être plus assertif.

Conseils pour Poser des Questions Assertives

Ne vous Impliquez Pas

Supprimez les pronoms, notamment « moi » et « je », à propos des aspects que vous souhaitez obtenir. La personne assertive demande ce qu'elle veut et attend la réponse.

Ne Manifestez Pas votre Désapprobation à l'Égard des Réponses Potentielles

Acceptez leur réponse et demandez s'il y a quelque chose que vous pouvez accomplir collectivement.

Choisissez Soigneusement vos Mots

Si vous dites à votre client potentiel : « J'aimerais bien rencontrer votre patron », ce n'est pas une question et c'est plutôt intrusif. Si vous souhaitez rencontrer son patron, dites plutôt : « J'aimerais avoir la chance d'expliquer les avantages de notre produit à votre patron. Serait-il possible de se rencontrer ? »

Il est toujours préférable de s'en tenir à des questions d'une seule phrase et de ne pas fournir d'explications préliminaires.

Devoirs à faire

1. Qu'est-ce qui vous empêche de demander ce que vous voulez ?

2. Croyez-vous vraiment que vous méritez une augmentation de salaire ? Dans ce cas, pourquoi ne l'avez-vous pas encore réclamée ?

3. Posez-vous les bonnes questions à vos clients, et de la bonne manière ?

Résumé du Chapitre

- Trop réfléchir à ce que les gens vont penser nous empêche de leur demander ce que nous voulons.

Avant de demander un changement de comportement, faites preuve d'empathie et de respect à l'égard d'autrui. Énoncez vos sentiments positifs, suivis du problème et, à la fin, de l'objectif ou de la demande du nouveau comportement.

- Lorsque vous demandez une augmentation de salaire ou une promotion à votre employeur, effectuez d'abord des recherches et notez les faits qui vous permettent d'y prétendre. Fixez un rendez-vous directement avec votre employeur et exposez ces faits avant de demander une augmentation. Ne mendiez jamais et ne menacez pas de démissionner. Exprimez ce que vous voulez avec clarté.

- Ne posez jamais de longues questions à vos clients potentiels ou des questions qui les poussent à répondre d'une certaine manière. Demandez ce que vous voulez et attendez la réponse. Ne donnez aucune explication préalable.

Dans le chapitre suivant, vous apprendrez :

- Comment exercer votre assertivité dans la vie quotidienne ?

- Comment faire preuve d'assertivité dans le cadre de votre travail ?

- Comment pratiquer l'assertivité en famille et dans les relations amoureuses ?

- Comment s'affirmer et faire valoir son point de vue ?

CHAPITRE NEUF
L'Assertivité au Quotidien

L'Assertivité au Quotidien

Nous souhaitons tous avoir davantage confiance en nous, mais rares sont ceux qui savent s'affirmer. Si vous apprenez à faire preuve d'assertivité, vous pourrez vous exprimer facilement et vous aurez davantage de chances d'obtenir ce que vous voulez.

Voici sept façons simples de développer votre assertivité :

1. Soyez conscient que l'assertivité est une compétence.

2. Respectez les gens avec lesquels vous communiquez. Prêtez attention à votre langage corporel ainsi qu'aux mots que vous employez, et veillez à ce qu'ils soient cohérents.

3. Réalisez et acceptez les différences entre votre point de vue et celui d'autrui.

4. Parlez de manière à ne pas accuser ou culpabiliser l'autre personne. Soyez franc, direct et concis, et faites preuve de sincérité à votre égard.

5. Utilisez des «affirmations» pour faire preuve d'assertivité sans paraître hostile.

6. Demeurez calme lorsque vous vous exprimez.

7. Fixez-vous des limites qui vous aideront à déterminer ce que vous accepterez et ce que vous refuserez.

Lorsque vous Êtes Confronté à une Requête, Réfléchissez à ce Qui Suit :

Chacun a le droit de ne pas l'accepter, vous y compris. Vous avez le droit de dire «non» sans vous justifier.

Lorsque vous refusez une demande, expliquez que c'est la demande qui est rejetée et non la personne.

Après avoir refusé la demande, tenez-vous-en à votre décision. Si vous cédez à la pression, les gens apprendront que vous êtes influençable. Toutefois, vous avez le droit de vous raviser si les circonstances changent.

Lorsque vous Recevez une Critique :

- Prenez le temps de déterminer si elle est sincère ou si elle a une autre raison d'être.

- Admettez les éléments véridiques de la critique, même s'ils sont difficiles à accepter.

- Ne répondez pas par une contre-critique.

- Évitez de critiquer les gens. Faites plutôt des commentaires constructifs, même s'ils sont négatifs, afin de modifier le comportement de vos interlocuteurs.

- Lorsque vous donnez une rétroaction, concentrez-vous sur le problème ou la situation plutôt que sur la personne.

Le compliment est une façon positive d'apporter son soutien, de montrer son approbation et d'accroître la confiance de l'autre personne. Cependant, pour certains, il est difficile ou embarrassant de donner et de recevoir des compliments.

Lorsque l'on vous fait un compliment, remerciez la personne qui le formule et acceptez-le, que vous soyez d'accord ou non avec celui-ci. Lorsque vous faites un compliment, veillez à ce qu'il soit sincère.

L'Assertivité au Travail

Pour exercer votre assertivité au travail, suivez les étapes suivantes :

Reconnaissez votre Valeur. Cultivez une perspective réaliste et respectueuse de votre valeur en tant qu'individu.

Connaissez vos Droits sur le Lieu de Travail. Les avis, le manuel de politique du personnel, votre description de poste, etc.

Définissez vos Limites afin d'éviter le stress et la frustration.

Soyez Prêt et Exercez-Vous

Pratiquez votre assertivité avec des proches. Imaginez ce que vous pourriez ressentir si vous deviez communiquer une situation difficile à votre collègue ou à votre patron. Posez-vous la question :

Quel est mon objectif, qu'est-ce que j'aimerais communiquer et comment devrais-je le faire ?

Jouez-le dans votre esprit, en imaginant à la fois le scénario idéal et le scénario qui vous effraie le plus. Si vous ne le faites pas, au moment venu, vous risquez de rencontrer des difficultés à vous exprimer et il vous sera plus facile d'abandonner.

Évitez d'utiliser des mots tels que «hum», «euh», «vous savez…», «bah…», etc. qui peuvent donner l'impression que votre discours n'est pas sophistiqué, qu'il est hésitant ou indécis.

Contrôlez le Volume de votre Voix

Évitez le Langage Dégradant

Maintenant, appliquons ces étapes à quelques situations professionnelles.

Situation n° 1 : Rallier l'Équipe à votre Projet

Votre équipe est chargée de lancer une nouvelle campagne publicitaire et vous avez une idée géniale. Vous convoquez une réunion pour discuter de la procédure à suivre et vous êtes enthousiaste à l'idée de proposer votre idée.

- **Approche Passive** : Vous attendez que votre patron fasse la première suggestion. Ensuite, vous hochez passivement la tête à toutes ses suggestions plutôt que de proposer votre idée ou même de suggérer des moyens d'améliorer sa stratégie.

- **Approche Agressive** : Vous présentez immédiatement votre idée «géniale» à tous vos coéquipiers et, sans prendre le temps de respirer, vous commencez à répartir les tâches. Si quelqu'un suggère une alternative, vous la rejetez d'un revers de main.

- **Approche Assertive** : Vous présentez votre idée et accueillez les suggestions de tous les membres de l'équipe. En écoutant les différentes suggestions, vous reconnaissez leurs points forts et assumez également un rôle dans la résolution des défis potentiels.

En adoptant une approche assertive, vous présentez vos arguments en tenant compte des points de vue de vos collègues et en étayant vos idées par un raisonnement factuel, plutôt que par des émotions. Vous contribuez avec succès à la conversation, mais sans dégrader les autres membres de l'équipe.

Situation n° 2 : Vous Avez Demandé une Augmentation de Salaire, mais votre Patron n'en Fait Rien

Après avoir réclamé une augmentation lors d'un entretien avec votre patron, celui-ci vous répond que vous devrez attendre encore six mois, car l'entreprise n'est tout simplement pas en mesure d'accorder des augmentations pour le moment. Il vous assure que vous obtiendrez une augmentation de salaire lorsque le moment sera venu.

- **Approche Passive** : Vous ravalez votre déception et vous vous rangez du côté de votre patron. Mais plus tard, lorsque vous rentrez chez vous, vous vous plaignez pendant des heures parce que vous avez l'impression que c'est totalement injuste.

- **Approche Agressive** : Vous informez votre patron que vous allez vous mettre à la recherche d'opportunités dans d'autres entreprises où l'on vous traitera comme vous le méritez.

- **Approche Assertive** : Vous vous respectez et vous respectez votre besoin d'être rémunéré équitablement, et vous comprenez également le raisonnement de votre patron. Par conséquent, vous demandez plus d'informations sur l'avenir de l'entreprise et vous définissez des objectifs concrets que vous pourrez revoir lorsque vous reviendrez sur votre demande de salaire à l'avenir.

L'Assertivité dans votre Famille et vos Relations

Il est nettement plus facile d'établir une communication assertive avec votre famille. Elle vous procure les avantages suivants :

- Une meilleure santé émotionnelle et mentale

- Une amélioration de vos compétences sociales et personnelles

- Une compréhension et un contrôle accrus de vos émotions

- Une valorisation de votre estime de soi et de vos capacités de prise de décision

- Elle vous permet de vous respecter et de gagner le respect de votre entourage

Voici quelques moyens favorisant une communication assertive au sein de votre famille :

Évitez les Comparaisons

Les parents devraient éviter de comparer leurs enfants. Par exemple : «Jean, tu n'as pas fait tes devoirs. Tu devrais ressembler davantage à Harry, qui fait tous ses devoirs avant d'aller jouer dans la cour de récréation».

La comparaison génère de l'insécurité et des sentiments d'infériorité, du ressentiment et une compétitivité malsaine.

Soyez Empathique

La communication assertive commence par le respect des gens. Lorsque tous les membres de la famille comprennent ce qu'ils pensent et ressentent, il est plus facile d'engager un dialogue sain.

Demandez un Avis

Laissez vos enfants participer et s'exprimer dans les décisions qui les concernent et qui concernent la famille. Ainsi, ils renforcent leur confiance en eux et sentent que leur opinion importe.

Exprimez-Vous

Pour que les enfants vous expriment leurs sentiments et leurs pensées, vous devez en faire autant. Parlez-leur de votre journée, de vos préoccupations et de vos centres d'intérêt. De même, écoutez attentivement les enfants qui ont une information à vous communiquer. Donnez-leur des conseils, si nécessaire, plutôt que de les juger et de les gronder. Ne les punissez jamais pour vous avoir dit la vérité.

Levez-Vous et Exprimez-Vous !

Chaque jour, vous effectuez des dizaines de petits choix. Parfois, il est facile d'affirmer ses idées, alors qu'à d'autres moments, il semble préférable de suivre le mouvement pour éviter les conflits potentiels.

Cependant, si vous permettez aux gens de vous marcher sur les pieds, vous risquez d'accroître votre stress et votre anxiété et, en fin de compte, de compromettre votre estime de vous-même.

Si vous apprenez à vous affirmer, vous serez en mesure de prendre votre vie en main, de croire en votre pouvoir et de vous encourager à réaliser vos rêves.

Alors, suivez ces dix étapes simples, mais efficaces, pour vous affirmer dans n'importe quelle situation.

Pratiquez la Transparence et l'Authenticité

Il vous faudra de l'entraînement, mais si vous apprenez à vous exprimer ouvertement et honnêtement, vous prendrez rapidement l'habitude de vous faire écouter par votre entourage.

Prenez des Mesures Modestes mais Efficaces

Commencez par adopter de simples mesures pour vous affirmer. Le seul fait d'apprendre à marcher avec assurance — la tête haute et les épaules bien droites — vous aidera à vous sentir et à paraître plus sûr de vous. Canalisez cette confiance dans vos interactions quotidiennes. Quelqu'un vous a poussé hors de la file d'attente au métro? Demandez-lui poliment de reculer.

Lorsqu'une Personne vous Attaque, Attendez qu'elle s'Arrête

Vous rencontrerez parfois des gens qui tenteront de vous écraser. Si quelqu'un essaie de vous intimider, gardez votre calme tout en vous affirmant. Ne vous soumettez pas à eux, mais ne réagissez pas non plus avec agressivité.

Identifiez ce qui Vous Dérange

Il faut une bonne dose de courage pour affronter une situation ou une personne qui vous importune. Mais si vous y faites face, vous serez en mesure d'améliorer votre situation et de réduire l'emprise qu'elle exerce sur vous. Les gens ne peuvent pas lire dans vos pensées; vous devez exprimer vos préoccupations.

Clarifiez Avant d'Attaquer

Il est tentant d'adopter une position moralisatrice, surtout lorsque l'autre personne vous semble être dans le tort. Mais résistez à l'envie de réagir sous le coup de l'émotion. Respirez et expliquez-lui calmement votre point de vue. Évitez le ton agressif ou les paroles accusatrices.

Pratiquez, Pratiquez et Pratiquez Encore

Quand vous aurez assimilé la méthode, entraînez-vous à vous affirmer dans les situations où vous devez vous défendre.

Exprimez Délibérément vos Préoccupations

Respectez votre Temps

Repoussez l'échéance lorsque c'est nécessaire ou désengagez-vous respectueusement des personnes ou des situations qui empiètent sur votre emploi du temps.

Gardez à l'esprit que nul ne peut invalider vos sentiments, vos pensées et vos opinions. Vous n'apprendrez pas à vous affirmer du jour au lendemain. Il faut du temps pour se sentir à l'aise avec l'assertivité. Au cours de cette phase d'apprentissage, imaginez que vous êtes un acteur qui apprend à jouer un nouveau rôle. Imaginez que vous êtes le personnage le plus assertif que vous connaissiez. Comment allez-vous vous comporter dans une situation problématique ?

Et Qu'en Est-il de Vous ?

1. Êtes-vous maintenant en mesure de comprendre ce qu'est «l'assertivité»?

2. Vous sentez-vous suffisamment confiant pour dire «non»? À vous exprimer? À demander ce que vous voulez?

3. À présent, êtes-vous mieux équipé pour vous affirmer et vous faire écouter?

Résumé du Chapitre

- L'assertivité est une compétence qui peut s'exercer et être apprise.

- Soyez respectueux des personnes avec lesquelles vous communiquez. Comprenez et acceptez les différences entre votre point de vue et celui de votre entourage. Gardez votre calme lorsque vous vous exprimez. Utilisez des déclarations en «je» pour vous affirmer sans vous montrer hostile.

- Fixez des limites pour vous-même.

- Reconnaissez votre valeur, sachez quels sont vos droits sur votre lieu de travail, parlez dans un langage clair et direct, et évitez les mots dégradants pour paraître assertif.

- Exprimez-vous, demandez l'avis des gens qui vous entourent et faites preuve d'empathie pour exercer votre assertivité au sein de votre famille et dans vos relations.

- Adoptez une démarche modeste, mais efficace pour vous affirmer et vous faire écouter.

LE MOT DE LA FIN

Le succès au travail et dans les relations dépend de votre communication. Celle-ci doit être de nature à vous permettre d'exprimer, de demander et de recevoir ce que vous voulez dans la vie.

On peut distinguer trois styles de communication : la communication passive, la communication agressive et la communication assertive. Cependant, seul le style assertif vous permettra véritablement de triompher dans la vie. La communication passive vous affaiblit, vous soumet à certains individus et permet à votre entourage de prendre avantage sur vous. Un style agressif, en revanche, vous donne une image dominatrice, hautaine et indifférente aux sentiments, aux pensées et aux opinions d'autrui.

L'assertivité est le seul mode de communication qui permet de maintenir un équilibre parfait entre vos besoins et ceux des gens qui vous entourent. En effet, les individus assertifs n'estiment pas que leurs propres pensées et sentiments soient supérieurs à ceux de leur entourage et ils ne cèdent pas inutilement aux perspectives et aux exigences d'autrui. Les deux ont la même valeur à leurs yeux.

En adoptant un style de communication assertive dans votre vie quotidienne, vous améliorez votre estime personnelle, vous vous montrez plus confiant, vous prenez de meilleures décisions, vous vous respectez et vous gagnez également le respect des gens autour de vous. En plus, vous établissez des relations saines et durables au travail, avec vos amis et votre famille.

Cependant, nos propres craintes et suppositions constituent un obstacle à l'apprentissage et à l'exercice de la communication assertive. Nous croyons parfois que l'assertivité nous conduira à des situations conflictuelles avec nos proches, nos collègues et nos pairs, et que nous risquons de perdre leur amour et leur estime. En réalité, c'est le contraire qui se produit. Vous gagnerez davantage de respect auprès de votre entourage lorsque vous vous respecterez vous-même et que vous défendrez vos droits, vos pensées, vos sentiments et vos opinions.

Montrez-vous curieux d'apprendre de nouvelles connaissances et ouvrez-vous à de nouvelles expériences dans votre vie. Soyez attentif à la manière dont vous vous présentez, votre façon de parler, votre ton, votre tenue vestimentaire et même votre langage corporel. Ce dernier en dit beaucoup sur votre confiance personnelle. Il s'agit d'un aspect important de la communication assertive dont il faut être conscient.

Pour apprendre à communiquer avec assertivité, il faut d'abord se forger une image positive de soi. Ayez une vision rationnelle et optimiste de vos capacités, de vos compétences et de vos forces. Cela vous permettra de vous sentir autonome, de vous fixer des objectifs pertinents et de tracer la voie à suivre pour les atteindre. Vous êtes unique et votre apport à la société l'est tout autant. Personne d'autre ne peut contribuer comme vous le faites. Mais pour réaliser ce pouvoir qui est le vôtre, vous devez avoir une image positive de vous-même.

En adoptant le style de communication assertive, vous développerez les qualités suivantes :

- L'expression de vos besoins et de vos idées de façon claire, directe et exempte de tout sentiment de culpabilité

- La défense de vos droits et de ceux des gens qui vous entourent

- La capacité à transmettre vos sentiments en toute confiance

- L'autonomie et l'indépendance

- La persistance dans des situations complexes

- Des compétences analytiques de haut niveau

- Une attitude positive en toutes circonstances

- La fierté de vos réalisations

- Le courage de réaliser vos rêves et de développer les compétences nécessaires pour les concrétiser

Pour pratiquer le style de communication assertive, vous devez déterminer ce que vous désirez, en faire la demande et, enfin, l'obtenir. C'est aussi simple que cela.

La communication assertive comporte trois éléments :

1. Dire «non» au bon moment et de la bonne manière. Cette attitude permet de se fixer des limites saines et de préciser aux gens qui vous entourent ce que vous acceptez et ce que vous n'acceptez pas, qu'il s'agisse de leur comportement ou de leurs exigences. Poser des limites est essentiel pour préserver votre énergie émotionnelle, vous donner un espace pour grandir, améliorer votre estime personnelle ainsi que vos relations, et éviter de vous laisser manipuler par autrui, que ce soit dans le cadre des affaires, du travail ou des relations personnelles. Vous ne vous contentez pas d'établir vos propres limites, mais

vous respectez aussi celles des gens qui vous entourent, s'ils les ont établies.

2. Exprimer avec clarté et confiance ce que vous ressentez à propos de vous-même et du comportement d'autrui à votre égard. Vous assumez l'entière responsabilité de vos sentiments sans reprocher ou accuser quiconque. Vous établissez un contact visuel et vous utilisez des affirmations en «je», d'une voix calme et d'un ton ferme, pour transmettre votre message.

3. Vous demandez ce que vous désirez sans renoncer à votre dignité et en faisant preuve d'empathie et de respect à l'égard des besoins, des sentiments et des opinions d'autrui.

Et pour couronner le tout?

La communication assertive peut être utilisée dans la vie de tous les jours, au travail, en famille et dans vos relations. Si vous souhaitez connaître le succès, créer des relations saines ou gagner le respect des gens, apprenez à vous exprimer avec assertivité. C'est une compétence qui peut vous transformer en vainqueur.

Je vous ai présenté les étapes que vous devez entreprendre pour découvrir la communication assertive et les façons de l'exercer dans votre vie. Alors, appliquez ces étapes et imaginez la vie que vous désirez.

RÉFÉRENCES

«5 Golden Keys to Assertiveness and Setting Boundaries | Hypnosis Downloads». (1er août 2019). Consulté le 20 novembre 2019, à partir de https://www.hypnosisdownloads.com/blog/5-golden-keys-to-assertiveness-and-setting-boundaries

«6 Steps To Setting Good Boundaries». (4 septembre 2019). Consulté le 20 novembre 2019, à partir de https://www.mindbodygreen.com/0-13176/6-steps-to-set-good-boundaries.html.

«9 Advantages of Assertiveness». Consulté le 20 novembre 2019, à partir de https://threeinsights.net/book/9-advantages-of-assertiveness/

«10 Benefits of Being More Assertive». Consulté le 20 novembre 2019, à partir de http://www.magforliving.com/10-benefits-of-being-more-assertive/

«A Simple Way to Be More Assertive (Without Being Pushy)». (31 janvier 2018). Consulté le 20 novembre 2019, à partir de https://hbr.org/2017/08/a-simple-way-to-be-more-assertive-without-being-pushy

«Are You Too Nice? 7 Ways to Gain Appreciation & Respect». Consulté le 20 novembre 2019, à partir de https://www.psychologytoday.com/us/blog/communication-success/201309/are-you-too-nice-7-ways-gain-appreciation-respect

«Assertive Requests : Be more persuasive and diplomatic». Consulté le 20 novembre 2019, à partir de http://web.csulb.edu/%7Estevens/assert%20req.html

«Assertiveness». Consulté le 20 novembre 2019, à partir de https://www.emotio-nalintelligenceatwork.com/resources/assertiveness/

«Assertiveness in Specific Situations | SkillsYouNeed». (2011-2019). Consulté le 20 novembre 2019, à partir de https://www.skillsyouneed.com/ps/assertive-ness-demands-criticism-compliments.html

«Assertiveness | Psychology Today». Consulté le 20 novembre 2019, à partir de https://www.psychologytoday.com/us/basics/assertiveness

«Assertiveness Training : Empowerment — Empowered Life Solutions». Consulté le 20 novembre 2019, à partir de http://empoweredlifesolutions.com/healthy-living/assertiveness-training-empowerment/

« Be More Effective — 12 Reasons Why It's So Hard to Say, "No" ». Consulté le 20 novembre 2019, à partir de https://www.bemoreeffective.com/blog/12-reasons-why-its-so-hard-to-say-no/

«Becoming Assertive? 4 Reasons Your Family Won't Like It». Consulté le 20 novembre 2019, à partir de https://www.arenewedlife.com/becoming-assertive-4-reasons-family-wont-like/

«Choosing Your Communication Style | UMatter». Consulté le 20 no-vembre 2019, à partir de https://umatter.princeton.edu/respect/tools/communication-styles

«Foolproof Ways to Use Assertiveness to Request a Raise». Consulté le 20 novembre 2019, à partir de https://www.selfgrowth.com/articles/foolproof-ways-to-use-assertiveness-to-request-a-raise

«How to be a lion: 7 steps for asserting yourself positively». Consulté le 20 no-vembre 2019, à partir de https://www.positivelypresent.com/2010/05/how-to-be-a-lion.html

«How to Be Assertive and Get What You Want at Work». (20 juin 2013). Consulté le 20 novembre 2019, à partir de https://money.usnews.com/money/blogs/outside-voices-careers/2013/06/20/how-to-be-assertive-and-get-what-you-want-at-work

« How to be less emotional reactive ». (2 octobre 2019). Consulté le 20 novembre 2019, à partir de https://cassdunn.com/how-to-be-assertive/

« How to Be Yourself and Cultivate a Positive Self-Image ». Consulté le 20 novembre 2019, à partir de https://www.developgoodhabits.com/positive-self-image/

« How to Speak Up for Yourself with Wisdom and Courage ». Consulté le 20 novembre 2019, à partir de https://www.psychologytoday.com/us/blog/prescriptions-life/201809/how-speak-yourself-wisdom-and-courage

« Metaperceptions: How Do You See Yourself? ». Consulté le 20 novembre 2019, à partir de https://www.psychologytoday.com/us/articles/200505/metaperceptions-how-do-you-see-yourself

« Personal Empowerment | SkillsYouNeed ». (2011-2019). Consulté le 20 novembre 2019, à partir de https://www.skillsyouneed.com/ps/personal-empowerment.html

« Self-Image — how you see yourself positive or negative ». Consulté le 20 novembre 2019, à partir de http://destinysodyssey.com/personal-development/self-development-2/self-concepts-self-constructs/self-image/

« The 4-Types of Communication Styles ». Consulté le 20 novembre 2019, à partir de https://www.linkedin.com/pulse/20140626185020-15628411-the-4-types-of-communication-styles

« The difference between confidence and assertiveness ». Consulté le 20 novembre 2019, à partir de http://buildyp.blogspot.com/2012/05/difference-between-confidence-and.html?m=1

« The Importance of Assertive Leadership ». Consulté le 20 novembre 2019, à partir de http://www.leadershipexpert.co.uk/importance-assertive-leadership.html

« Three Barriers that Would Stop You from Being Assertive ». (16 novembre 2018). Consulté le 20 novembre 2019, à partir de http://compasscenterforleadership.com/three-barriers-that-would-stop-you-from-being-assertive/

« What Is Personal Empowerment? Taking Charge of Your Life and Career ». Consulté le 20 novembre 2019, à partir de https://www.mindtools.com/pages/article/personal-empowerment.htm

« Why Is It Hard to Say "No" and How Can You Get Better at It? » Consulté le 20 novembre 2019, à partir de https://www.psychologytoday.com/us/blog/the-couch/201601/why-is-it-hard-say-no-and-how-can-you-get-better-it

« Why People Are Not Assertive | SkillsYouNeed ». (2011-2019). Consulté le 20 novembre 2019, à partir de https://www.skillsyouneed.com/ps/assertiveness2.html

Bennett, T. « Why Is It So Hard to Express My Emotions? – Thriveworks ». (13 mars 2018). Consulté le 20 novembre 2019, à partir de https://thriveworks.com/blog/hard-express-emotions/

Campbell, S. « 8 Steps to Personal Empowerment ». (31 janvier 2017). Consulté le 20 novembre 2019, à partir de https://www.entrepreneur.com/article/288340

Chan, D. « Learning to see things from another's perspective, Opinion News & Top ». (16 avril 2016). Consulté le 20 novembre 2019, à partir de https://www.straitstimes.com/opinion/learning-to-see-things-from-anothers-perspective

Chesak, J. « The No BS Guide to Protecting Your Emotional Space ». (11 décembre 2018). Consulté le 20 novembre 2019, à partir de https://www.healthline.com/health/mental-health/set-boundaries#how-to-define-your-boundaries

Daskal, L. « 7 Powerful Habits That Make You More Assertive ». (20 juin 2018). Consulté le 20 novembre 2019, à partir de https://www.inc.com/lolly-daskal/7-powerful-habits-that-make-you-more-assertive.html

Doherty, Y. « 10 Reasons You Should Speak Up And Never Regret Saying How You Feel ». (7 novembre 2014). Consulté le 20 novembre 2019, à partir de https://www.elitedaily.com/life/culture/speak-dont-regret-saying-feel/823735

Dondas, C. « 7 Tips on How to Say NO in an Assertive Way ... ». (16 juin 2019). Consulté le 20 novembre 2019, à partir de https://lifestyle.allwomenstalk.com/tips-on-how-to-say-no-in-an-assertive-way/

Galinsky, A. « How to speak up for yourself ». (17 février 2017). Consulté le 20 novembre 2019, à partir de https://ideas.ted.com/how-to-speak-up-for-yourself/

Grohol, J. Psy. D. M. « 10 Reasons You Can't Say How You Feel ». (8 octobre 2018). Consulté le 20 novembre 2019, à partir de https://psychcentral.com/lib/10-reasons-you-cant-say-how-you-feel/

Hoffman, J. « The Secret to Asking Sales Questions Assertively, Not Aggressively ». Consulté le 20 novembre 2019, à partir de https://blog.hubspot.com/sales/asking-sales-questions-assertively-not-aggressively

Hutchison, M. « 6 Assertive Ways To Get The Respect You DESERVE ». (6 août 2015). Consulté le 20 novembre 2019, à partir de https://www.yourtango.com/experts/moira-hutchison/how-gain-respect-others

Kass, A. « Three Keys to Assertive Behavior ». Consulté le 20 novembre 2019, à partir de https://www.gosmartlife.com/marriage-intelligence-blog/bid/148841/three-keys-to-assertive-behavior

Kumar, D. « The Importance of Being Assertive in the Workplace ». (18 juillet 2014). Consulté le 20 novembre 2019, à partir de https://www.careeraddict.com/the-importance-of-being-assertive-in-the-workplace

Lancer, D. L. « 10 Reasons Why Boundaries Don't Work ». (11 mai 2019). Consulté le 20 novembre 2019, à partir de https://www.whatiscodependency.com/setting-boundaries-limits-codependency/

Lancer, D. L. « The Power of Personal Boundaries ». (9 septembre 2019). Consulté le 20 novembre 2019, à partir de https://www.whatiscodependency.com/the-power-of-personal-boundaries/

Leinwand, L. « Why Is Saying 'No' So Important? » (10 novembre 2016). Consulté le 20 novembre 2019, à partir de https://www.goodtherapy.org/blog/why-is-saying-no-so-important-1110165

Lica, A. (2019, August 18). « Assertive Communication with Your... ». (18 août 2019). Consulté le 20 novembre 2019, à partir de https://exploringyourmind.com/assertive-communication-with-your-family/

Liyanage, S. «Assertive Communication». (21 juillet 2015). Consulté le 20 novembre 2019, à partir de https://www.slideshare.net/SamithaLiyanage1/assertive-communication-50744208

Louise, E. «Here's How to Ask For Help Courageously and Assertively! [2 Step Process] | The Launchpad - The Coaching Tools Company Blog». (19 février 2019). Consulté le 20 novembre 2019, à partir de https://www.thecoaching-toolscompany.com/how-to-be-more-assertive-ask-for-help/

Marsden, L. «4 Tips to be Assertive and Empower Your Life». (13 mai 2014). Consulté le 20 novembre 2019, à partir de https://lauriemarsden.com/4-tips-assertive-empower-life/

Patel, D. «10 Powerful Ways to Stand Up for Yourself in Any Situation». (9 novembre 2018). Consulté le 20 novembre 2019, à partir de https://www.success.com/10-powerful-ways-to-stand-up-for-yourself-in-any-situation/

Ramey, S. «Assertive Communication : Express What You Feel Without...» (22 septembre 2016). Consulté le 20 novembre 2019, à partir de https://exploringyourmind.com/assertive-communication-express-feel-without-guilt/

Sese, C. «6 Tips for Being More Assertive at Work». (19 avril 2018). Consulté le 20 novembre 2019, à partir de https://www.goodtherapy.org/blog/6-tips-for-being-more-assertive-at-work-0113155

Sheffield, T. «How To Ask For What You Want & Be More Assertive». (6 novembre 2015). Consulté le 20 novembre 2019, à partir de https://www.bustle.com/articles/122147-how-to-ask-for-what-you-want-be-more-assertive

Steber, C. «11 Little Ways To Stand Up For Yourself Every Day, No Matter What». (12 juin 2019). Consulté le 20 novembre 2019, à partir de https://www.bustle.com/articles/169607-11-little-ways-to-stand-up-for-yourself-every-day-no-matter-what

Tartakovsky, M. M. S. «Assertiveness: The Art of Respecting Your Needs While Also Respecting Others' Needs». (8 juillet 2018). Consulté le 20 novembre 2019, à partir de https://psychcentral.com/blog/assertiveness-the-art-of-respecting-your-needs-while-also-respecting-others-needs/

Thackray, V. « 7 revealing facts about the psychology of assertiveness ». Consulté le 20 novembre 2019, à partir de https://positivechangeguru.com/psychologists-assertive-you/

Wilding, M. L. « 3 Ways to Say No and Be More Assertive in Business ». (8 juillet 2018). Consulté le 20 novembre 2019, à partir de https://psychcentral.com/blog/3-ways-to-say-no-and-be-more-assertive-in-business/

Wilding, M. « How to Be More Assertive at Work (Without Being a Jerk) ». (5 juin 2019). Consulté le 20 novembre 2019, à partir de https://www.themuse.com/advice/how-to-be-more-assertive-at-work-without-being-a-jerk

https://www.pennstatehershey.org/documents/1803194/10660403/OAW+Assertiveness+Training+1.pdf/9f8788f4-219d-4fc1-a034-24551034d840

https://www.cci.health.wa.gov.au/~/media/CCI/Consumer%20Modules/Assert%20Yourself/Assert%20Yourself%20-%2006%20-%20How%20to%20Say%20No%20Assertively.pdf

www.ingramcontent.com/pod-product-compliance
Lightning Source LLC
Chambersburg PA
CBHW071145120626
46546CB00006B/2134